荣耀 KOBE BRYANT

科比，
永不退场

段冉 ◎著

典藏版

ZB 昌黑巨献

U0721193

北京时代华文书局

KOBE BRYANT

科比·布莱恩特

MA

FORI

永不退场！

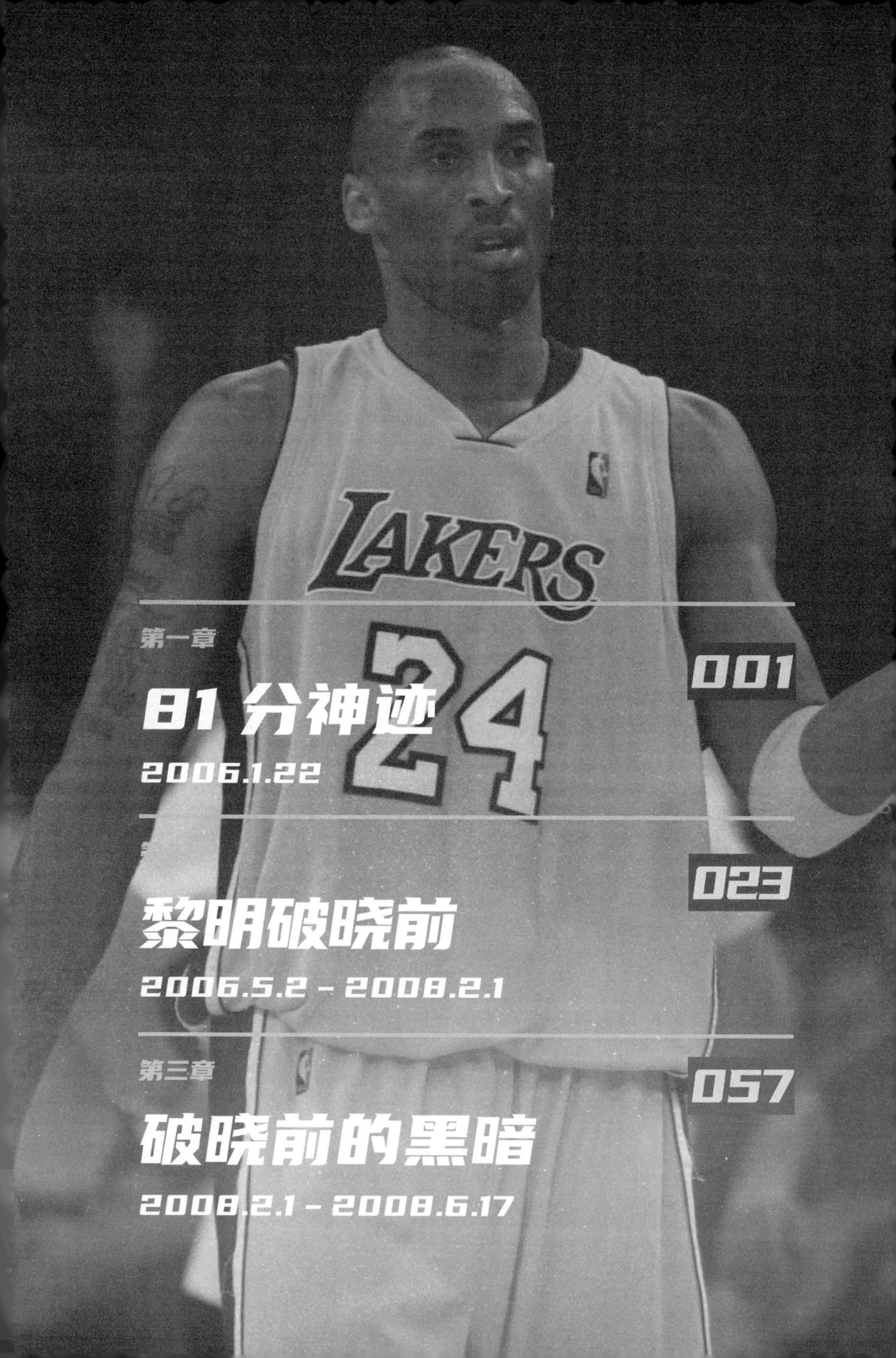

CONTENTS 目录

第一章

81 分

神迹

81 分——单场 81 分，应该是科比个人表现的最高成就了，放在整个 NBA 历史上，可能也是。

81 分——单场 81 分，应该是科比个人表现的最高成就了，放在整个 NBA 历史上，可能也是。

快进到 2015–2016 赛季，科比·布莱恩特"告别巡演"已经是第 4 场，时间是 2015 年 12 月 6 日，地点是底特律活塞队的主场——奥本山宫殿球馆。这支球队肮脏而伟大的历史、这个球场恐怖而迷人的地方、这座城市的极冷与极热，前面已经说过；而这场告别，这些同样得到了体现。

上了球场，没什么好说的，111∶91，科比打了 26 分钟，15 投 2 中！5 分！至此，活塞队取得了主场 4 连胜。主教练大范甘迪赛后的话更是直截了当："拿下这四场比赛当然很好……"

然后，他的主题跑得更远了，"但明天就开始有挑战了，我们将去客场打比赛，我们刚打完背靠背比赛，而且对手在全联盟攻防两端都是最好的球队之一。"他指的是，科比的前队友林书豪已经坐稳了第六人的夏洛特黄蜂队，当时的战绩是 12 胜 8 负，排东部联盟第四，并且以非常好的状态继续往前冲。他根本就没提什么告别。

但球场外没什么令人不愉快的事情发生，甚至令人感动——毕竟，2004 年的总决赛活塞队才是昂首挺胸的胜利者。开赛前，整个场馆熄灯以欢迎科比，活塞队播音员约翰·梅森以成绩单的方式朗诵了"黑曼巴"所取得的伟大成就，甚至特意删去了 2004 年的总决赛。可惜科比的手感被底特律的寒冬冻得冰凉，头 9 次投篮全部偏出，直到第 3 节打到一半左右时才三分球命中，这时，憋了太久的呼喊"KOBE！"才如雷爆响。此节快结束时他在快攻上篮中收获了二分球命中，这时，喝彩声再度响起。但该节结束时，湖人队已经是 65∶90，末节是垃圾时间。

由于胃痛，赛前热身科比大部分时间都没上场，而在赛后他也是打了静脉注射才见媒体的。"如果不是我的告别赛季，我就不会上场打球了。"——科比也算是对得起这儿的"敌人们"。

"这太艰难了，毕竟他是全联盟最顶尖的竞争者，但现在垮得厉害，"活塞队眼下的老大雷吉·杰克逊语气中同情的成分居多，"明年的联盟中没有他会有一种很奇怪的感觉。"

2015-2016 赛季的湖人队，赛程好像是联盟的有意安排——预感到这是他的最后赛季并预感到他要宣布退役日期了。当然，这仅是我的玩笑而已，完全没有事实依据。次日，便是多伦多。

现场坐进了创加拿大航空中心极限的 20163 名球迷，为的是一睹 5 届总冠军得主的风采。

"哇！哇！我的感觉绝对是疯狂了，一坐上板凳他们就喊'我们要科比！'足足有 5 分钟的时间。"

这场景连科比自己都吃惊。这支球队的核心之一德马尔·德罗赞的感觉和保罗·乔治完全相同："等我老了我就可以在自己的故事里增加一个：我曾经和科比对抗过。这就像老一代的球员和迈克尔·乔丹对抗过。"当然，结果是主队赢了，102∶93，尽管科比 16 投 8 中拿下全队最高的 21 分，另有 8 个篮板、4 次助攻、2 次抢断，数据全面，恍若年轻的时候——2006 年 1 月 22 日，斯台普斯中心，多伦多猛龙队对阵洛杉矶湖人队，科比·布莱恩特狂砍 81 分。

20 个赛季的 NBA 生涯，科比·布莱恩特拿过的荣誉不计其数，包括但不限于 MVP、总冠军、总决赛 MVP、全明星赛 MVP、得分王、最佳阵容第一队、最佳防守阵容第一队、奥运会冠军。除了这些荣誉，科比·布莱恩特在 NBA 赛场上还完成过许多堪称是里程碑的表演，其中最能让球迷脱口而出的莫过于 NBA 历史上的神迹之一：**2006 年 1 月 22 日，斯台普斯中心，多伦多猛龙队对阵洛杉矶湖人队，砍下职业生涯最高的 81 分。**

2006 年 1 月 22 日，斯台普斯中心，科比·布莱恩特迎战从加拿大远道而来的多伦多猛龙队。

在比赛开始之前，这样的夜晚看上去与往常并没有什么不同，环顾四周，你可以发现球馆甚至没有坐满——猛龙队这种级别的对手，对于早已见惯大场面的洛杉矶球迷来说只是小菜一碟，不会让他们额外打起精神去关注。然而，在事后，到现场观战的每位球迷发现自己所买门票都值回了，而且还是超级值，因为他们都成了历史的见证者。

在事后，我们也才得知，比赛当天是科比祖父的忌日；而他的祖母，则是生平第 1 次走进斯台普斯中心看球，尽管之前的科比已经名满全世界。至于这些元素是否能令他们的孙子赋予本场比赛更多的意义，我们不得而知。但我们可以肯定，猛龙队在科比的"特殊名单"之上。

首先，46 天前，即 2005 年 12 月 7 日，双方在多伦多的加拿大航空中心交手，科比只拿到了赛季最低的 11 分——尽管湖人队早早确定领先，科比和奥多姆第 4 节根本不需要上场，但这毕竟是赛季最低分。熟悉科比性格的人都知道，他绝对不会善罢甘休，必然会连本带利都讨要回来。

其次，如果翻看多伦多猛龙队 2005-2006 赛季的大名单，你会看到一个让科比双眼冒火的名字——贾伦·罗斯。科比与罗斯结怨得回到 2000-2001 赛季总决赛的第 2 场，那时候的罗斯效力于印第安纳步行者队，二人捉对角力，在科比完成一次投篮后落地时罗斯对科比使用了一个垫脚的暗招，导致科比落地扭伤了脚踝，并且缺席了第 3 场。事后，最为麻烦的事情发生了——贾伦·罗斯并不讳言自己是故意要弄伤科比的："如果让我决定的话，科比应该整个总决赛都打不了，这样我就有总冠军戒指了。我当时是故意这么做的，你不能说那是一次意外。"对于嗜好咬人的"黑曼巴"来说，不管贾伦·罗斯如何解释那次犯规，结果都不会有什么不同：仇恨的种子已然埋下，为复仇进行了铺垫……

猛龙队赢得中圈跳球，好戏正式开演。

首节湖人队打得一团糟，如同他们在 2005-2006 赛季的缩影，绵软、慵懒、缺乏斗志，即便这次比赛是在洛杉矶人自己的地盘。筛子般的防守让猛龙队首节就砍下了 36 分，尽管科比单节进账 12 分，但湖人队依然落后 7 分。唯一的好消息就是：科比侦察到了猛龙队的防守漏洞，有一个球科比沿着底线就能轻松切入上篮得分。这一切入，让科比意识到了猛龙队的问题：防守轮转非常慢。对于科比来说，这也许会是一个大丰收的夜晚，于是展开了疯狂攻击。

就像湖人队球员德文·乔治后来回忆所说，千万不要让超级巨星在比赛一开始就轻松得分。那种情况对篮球天才而言，无疑是一个极大的激励与暗示——即便是科比这样的超级球星，也需要用信心来激励自己。轻松上篮无疑是最容易树立自信的方式，所以，如果有必要，宁愿用凶悍的犯规去阻挡他，也千万不要让他轻松上篮得分。

湖人队依然没能从第 1 节的酣睡中醒来，队友们大部分时间所干的事情就是毫无顾忌地挥霍着机会，而科比则成了全队唯一看上去充满能量的球员，除他之外，其他的湖人队队员的表现让在场的球迷昏昏欲睡。根据德文·乔治的回忆：没办法，"禅师"一度让球员们把球传给有"超级水货"嫌疑的夸梅·布朗，不过可怜的中锋连球都接不住，"禅师"恨铁不成钢地戏谑起了他的"黄油手"："上帝啊，我希望你老婆永远不要让你抱孩子！"当然，其他人也没有比布朗高明多少。

整个上半时，猛龙队都在用区域防守的策略来防守科比，就算科比上半时已经打爆了贾伦·罗斯以及其他任何一个上来换防的球员，猛龙队也完全不在乎。在他们看来，只要能保持领先优势，就没有改变策略的必要。上半时战罢，湖人队以 49 ：63 落后，科比加起来已经得到了 26 分。

科比半场得到 26 分，对于当时湖人队的对手们来说只是稀疏平常。前不久，他对阵达拉斯独行侠队就有过三节轰下 62 分的奇迹，因此，猛龙队主帅萨姆·米切尔并没有放在心上——他更在意的是球队的胜利，而不是科比能得到多少分。至于贾伦·罗斯和科比·布莱恩特之间的恩怨，那是个人恩怨，是他俩之间的事。中场休息时，米切尔压根就没想过要给罗斯提供帮手。不过，米切尔可能忽视了科比此前在击败独行侠队赛后所接受的采访，有记者问科比如果第 4 节上场，那么全场能拿多少分？

科比当时给出的答案是：80 分。

　　"禅师"对湖人队上半场的表现非常不满，毕竟多伦多猛龙队只是一支14胜26负的烂队，队里只有过气的罗斯和初出茅庐的克里斯·波什算得上角儿，其他球员不值一提。湖人队再烂也有21胜19负，不仅还排名西部前八，而且"黑曼巴"砍分令所有对手闻风丧胆，然而坐镇主场的他们竟然落后了14分之多！

　　菲尔·杰克逊看着队员们发问："难道你们就要这样把比赛拱手相送？猛龙队并不是一支比我们更好的球队。"

　　那时候，科比·布莱恩特坐在自己的更衣柜前，非常安静，一句话也没说——安静的表面之下是潜流暗涌。我在*ESPN*的另一个同事、著名专栏体育作家比尔·西蒙斯这个人很有意思，他模拟了这对师徒之间的对话。

　　科比·布莱恩特："菲尔，我想你应该往球队身上狠狠抽几鞭子，他们看起来缺乏拿下比赛的动力。"

　　菲尔·杰克逊："如果可以的话，你扮演抽鞭子的人？"

　　这是模拟，但非常符合他们的性格以及当时的处境。

"他们说什么我都没在意。我进入了自己的世界，没有和任何人击掌，没有和谁说话。我觉得自己进入了另外的空间，没有太想得分的事情，只想把球队拉回到比赛中。"

　　而这，也只是科比·布莱恩特的回忆。

　　下半时伊始，比赛的节奏依然被猛龙队带领，分差很快达到了

18 分，这是一个危险的信号：如果再拉大到"20+"，大翻盘的难度就可想而知了，尽管科比的战争史上大翻盘的纪录不少。既然队友们都靠不住，那干脆就自己来吧，科比在心中默默计划着要接管比赛。

第 3 节过半，湖人队还是落后 12 分。面对莫里斯·皮特森的防守，科比用一个假动作晃开对手后，在腿部失去支撑的情况下跳投得分并获得加罚机会，在完成打"2+1"之后，湖人队把分差缩短到了个位数，这成了整场比赛的转折点。

科比之所以能够成为史上最伟大的球员之一，是因为他拥有超强的天赋与学习能力，他可以在极短的时间内掌握一项新技术，然后用最短的时间在比赛中使用。单就他纯粹靠个人能力把分差追近至个位数的这粒进球而言，整个联盟中大概只有 2% 的球员才会练习这样的高难度跳投，而科比不仅会这么做，而且相当熟练，这正是超级球星与普通球员的分水岭，一个高难度的进球往往能决定一场比赛的走势。

然后三分球、突破、罚球、中距离跳投，科比把压箱笼的所有进攻绝招都摆上了桌面，在第 3 节还剩下 1 分钟的时候，湖人队总算把比分追成 85：85。接下来的一个回合，猛龙队的替补组织后卫何塞·卡尔德隆失误，科比抢断成功后快攻并完成暴扣，这是湖人队自第 1 节以来的首次领先，此时，胜负的天平已经在向湖人队倾斜。第 3 节科比单节 15 投 11 中、三分球 5 中 4，总共砍下了 27 分，而猛龙队全队只拿到了 22 分，正是凭借着单节 42：22 的狂攻高潮，湖人队以 91：85 在第 4 节结束之时逆转了比分。

贾伦·罗斯是这样回忆当年场景的："小时候打篮球，打的是 8 英尺（约 2.44 米）高的筐，但是有一个可以灌 10 英尺（约 3.01 米）高篮筐的朋友，跑过来和我们打 8 英尺的筐，这就是科比当时称霸比赛、镇压我们的情境，没有丝毫留情。"

科比在比赛中的节奏变化基本上可以用《英雄联盟》的画外音来总结：

大杀特杀——暴走——无人能挡——主宰比赛——似神一般的存在——超神！

科比在前三节结束后已经拿到 53 分，猛龙队的主力组织后卫、曾经和姚明当过队友的迈克·詹姆斯主动请缨，要求防他，但遭到了米切尔的拒绝，给出的理由是不希望让他陷入犯规的麻烦。詹姆斯当时感到不可思议，因为他没想到：都这时候了，主教练考虑的居然还是这样的问题！

如果你认为科比砍了这么多分会对对手狂喷垃圾话，那可就大错特错了。据罗斯回忆，当时科比连一个字都没说，还有比这更能打击对手信心的吗？与喷垃圾话相比，这才是大师级的范儿，一言不发，不经意之间就把对手的信心一点一点地摧毁。设想一下：如果当时的科比主动去挑衅对手，必然会引发对手的反弹，招致疯狂的包夹以及凶狠的犯规，也许就不太可能得到那么多分了，历史就会被改写。这场比赛，可以说是"黑曼巴"用温水煮青蛙的方式，令多伦多猛龙队在一种怪异的气氛中沦陷。

下半场的科比已经让猛龙队的球员们嗅到了一丝不祥的气息，罗斯、迈克·詹姆斯等人在暂停时聚在一起，向米切尔提议包夹科比，宁愿让其他人来得分也不受科比的羞辱。但这样的提议并没有被米切尔采纳，结果是科比整场比赛都在疯狂地单挑猛龙队的球员们，胯下运球、背后运球、切入、三分球……在比赛的某个阶段，罗斯下意识地感觉到了：正在发生的事情可能会被写入历史。

而罗斯和他的队友们则是陪衬。罗斯回忆起当时的情景时说，他们曾经不止一次地提出：为什么不包夹科比？甚至可以用三人去围堵他，把斯穆什·帕克和卢克·沃顿给空出来，但最后是他们什么也没干，任由科比手感热到爆炸，到最后，一切都不可挽回了。

并不是所有猛龙队球员都和罗斯的想法一致，有人就不信邪，认为科比手感会冷却，比如何塞·卡尔德隆。"在绝大多数时间里，我们都在场上领先，他在不断得分，我们也在得分，而他的队友们却什么都没干，我们认为科比不可能一直这样得分。"

甚至，罗斯认为自己已经琢磨出了所谓限制科比的绝招，那就是要在防守端消耗科比的精力，于是，罗斯开始自不量力地单打科比。具有讽刺意味的是，他全场比赛 11 次出手只命中了 3 次——这样的单打在科比面前就像是小丑在表演，而他自作主张的举动也让猛龙队主教练米切尔异常恼火。

为什么猛龙队始终放任科比得分而不是采取包夹？现在看来，这也许是一个有趣的问题。而当事人则说法各异。

萨姆·米切尔曾经为自己辩护，他认为，不管用什么办法都无法阻挡科比。而在贾伦·罗斯看来，也许是因为这就是主教练对球员们不听从命令的惩罚，他在通过这种方式来向球员传递讯息。

当然，科比·布莱恩特所表达的讯息更为强烈、更为直截了当——你们今晚死定了！

所以，当罗斯和迈克·詹姆斯、莫里斯·皮特森等人探讨战术的时候，他们的关注点早已不是比赛胜负，而是自嘲："烂透了，我们是白痴。怎么能让这样的事情发生？我们为什么没有对他锁喉？"罗斯忍不住感叹，与科比这样的对手打球随时都有可能成为"历史性的夜晚"。

回忆起那个羞辱性的夜晚，克里斯·波什至今也搞不懂到底发生了什么。"是的，当时我们根本不知道要怎么防守科比，也没人防得住他，最起码我可以说，不是我防的。我们完全跟不上他，只能眼睁睁看着他投篮，就像是有人操控了记分牌，然后疯狂地给科比涨分。我们都知道科比上半场就拿到了 26 分，谁能想到他下半场又拿了 55 分？他可以投中任何球，不管我们怎么防守，当时现场的球迷也变得越来越疯狂，喊声震天。我坐在那里回想：'我好像跑了两个来回，他的得分就由 50 分变成了 60 分，这是怎么回事？'就是这样，他当时就是这样接管了比赛。"

第 4 节的猛龙队已经不再是凶猛的霸王龙，而是成了任人宰割的小绵羊，唯一的悬念就是用怎样的方式去终结这么惨烈的一场酷刑。科比的手依然热到发烫：最后一节，湖人队全队所拿到的 31 分中，除了拉马尔·奥多姆投中一记三分球外，其他的 28 分都为科比所包办。在比赛的最后几分钟，全场球迷似乎在给其他湖人队球员施加特别的压力，让他们不敢投篮，仿佛只要一投篮就会被球迷嘘——他们希望看到科比得分，看看最后到底能发生些什么。

单场得分王"MVP"

为了避免自己成为背景，猛龙队在最后时刻还是做了相当的努力，逐渐提升了对科比的防守强度，不过，为时已晚。**当科比拿到本场比赛的第 72 分，超越埃尔金·贝勒成为湖人队队史单场得分王时，球馆大屏幕上打出了"MVP"的字样，全场一片山呼海啸！**

科比依然不为所动。接下来的比赛，每得 1 分都是在改写着历史。你从他的脸上看不到任何表情，没有笑容也没有丝毫怜悯，他就像是一部得分机器，在执行着既定的程序，直到终场哨响或者被主教练换下场。终场前 4.2 秒，猛龙队球员传球出界，进入死球状态，"禅师"才用德文·格林换下科比。

而此时，科比已经在下半场得到了 55 分，只比张伯伦半场 59 分的历史纪录少 4 分。

对于多伦多猛龙队来说，这样的第 4 节就是漫长的煎熬，全场球迷几乎都是站着看完最后的比赛，最终的比分定格为 122 : 104，湖人队逆转获胜。

科比的个人得分停留在了 81 分：他全场 46 投命中 28 球，其中三分球 13 投 7 中，罚球 20 罚 18 中。

比赛结束了，猛龙队终于得以解脱了，但代价是他们被钉在历史的耻辱柱上，球迷们永远都记得科比是在对阵多伦多猛龙队的比赛中砍下了 81 分，都记得这场比赛的猛龙队主教练是萨姆·米切尔，都记得米切尔派上球场的有贾伦·罗斯、迈克·詹姆斯、莫里斯·皮特森、马特·邦纳、克里斯·波什、何塞·卡尔德隆、查理·维兰纽瓦、乔伊·格林汉姆、佩普·索、埃里克·威廉姆斯，而曾经参与防守科比的有贾伦·罗斯、迈克·詹姆斯、莫里斯·皮特森、何塞·卡尔德隆。

2013 年 1 月 22 日，7 周年之际 NBA TV 曾经重播了这场比赛，这时候，科比自曝是头一次看当年的这场比赛，他在 Twitter 上是这样点评的："我感觉就像在看萨尔瓦多·达利（著名画家）的画作，大师作品。"

在那场比赛中代表猛龙队首发出场的马特·邦纳，日后有了"红曼巴"的绰号，主要原因是他的红头发。据他本人回忆，这个绰号是科比回顾 81 分之战时送给他的。邦纳称，也许科比都没有意识到这对他的职业生涯、生活造成了多大的影响，他甚至会有朝一日告诉自己的子孙，是"黑曼巴"给他起了"红曼巴"这个绰号。

"走出那样的窘境是很困难的事情，就算一场比赛输 50 分也比让对方的一个人拿了 80 分强。最难受的不是一支球队击败你，而是一个人用一己之力就击溃了整支球队。经常会有人对我说：'81 分？

你们让他拿了 81 分？如果是我，绝对不会让这样的情况发生。'这实在是让我非常难堪。"迈克·詹姆斯将其视为噩梦般的回忆。

10 年后，当科比·布莱恩特回忆起 81 分神迹时，"黑曼巴"表示自己都对当时的回忆感觉到有些模糊："我没有真正明白当时发生了什么。但那是非同寻常的。我当时面对着成堆的防守，不管我和谁一起打球，我都是一位得分手，我会得分，但在那支特定的球队中得分会变得更加困难。"

关于这场比赛，其实还有不少并不为人所知的方方面面：81 分之夜也是 NFL 分区冠军赛的日子。在美国，NBA 完全不是 NFL 的对手，更何况，人家那里已经打到了分区冠军赛，而这边还是常规赛季，甚至连全明星周末都没到呢。因此，全美的体育迷们几乎都在关注 NFL，而并非"多伦多猛龙队 VS 洛杉矶湖人队"——一场本就无足轻重的比赛，某种意义上说交战双方都是弱队。我的老朋友、《洛杉矶时报》的头牌跟队记者马克·海斯勒甚至还缺席了本场比赛，而全世界的湖人队迷都知道的湖人队铁杆头牌球迷、奥斯卡影帝杰克·尼科尔森也没有到场边观战。就在那晚，匹兹堡钢人和西雅图海鹰在各自的分区决赛中胜出，入围超级碗，这才是理论上北美体育的头条新闻。不过，次日，科比的81 分却马上抢占了所有媒体的体育版头条并席卷全世界，让不少忽略了这场比赛的球迷后悔不已、追悔莫及。

不过，也有像喜剧明星安迪·迪克这样的幸运儿，他并不懂篮球，充其量只是伪球迷一枚，要知道那可是他第一次看比赛呢，而且，纯属偶然，他甚至搞不清球场上到底是什么情况，唯一能认得出五官的球员也只有科比·布莱恩特。所以，迪克在球场外所能做的也就是尖叫，他如此地兴奋，甚至让科比在某次得分后注意到了迪克的存在，因为他正在疯狂地喊着科比的名字。从那场比赛之后，迪克就再也没有去看过湖人队的比赛，所以，这也是他唯一一次助阵湖人队，但没想到就碰上了科比的 81 分之夜。你说，还有比他更幸运的伪球迷吗？

更值得一提的是，科比在 81 分之夜的身体状况并非最佳，似

乎可以用"糟糕"来形容。

就在比赛开始前，科比在家举办了女儿纳塔利亚的 3 岁生日派对，他在派对上感觉身体不太舒服，随后告知训练师自己的膝盖疼痛，他只吃了一个比萨、喝了一杯汽水就披挂上阵。所以，在比赛的开始阶段，科比甚至只能用脚尖踮着行走，就在这样身体状况欠佳的情况下，科比打出了一场震惊全世界的比赛。

"我已经好几次回忆起那个夜晚了，真的没有什么可以解释。我可以从战术角度、从训练的角度来解释，但那样的夜晚确实发生了，总有一些神奇的事情是你搞不清的。得了那么多的分数，真的无法解释。"

而科比在这场比赛中，之所以没有像之前对阵达拉斯独行侠队那样手下留情，一定程度上也要归结于拉马尔·奥多姆的刺激。

奥多姆在比赛中对科比说："你一定得不了 60 分。"

科比马上打队友的脸，迫使猛龙队请求暂停。

在暂停时奥多姆又发话："你肯定得不了 70 分。"

科比再度发飙，把得分拉升到了"7"字头，又打队友的脸。

这时候的奥多姆算是服了："你去得 80 分吧。"

之后的事情我们也知道了……

这样的细节也可以说明科比与奥多姆之间的兄弟情谊，也是他得知奥多姆的"爱情牧场事件"后，放下比赛，第一时间赶往医院的原因。

那么，81 分是科比那场比赛所能达到的极限吗？当然不是。那时候的队友、网坛美女玛丽亚·莎拉波娃的前同居男友萨沙·乌贾西奇说："我对科比非常生气，因为他错失了最后我助攻给他的三分球，他原本可以拿 84 分的。"

科比也承认，他原本可以让这个夜晚变得更加惊世骇俗："我原本应该可以拿 90 分或者更多分数，我错过了不少机会，包括两个罚球和一些空档机会。有很多机会球都投丢了，我觉得 100 分也是有可能的，如果我上半场没有休息 6 分钟，那么一定可以。"

即使自己不提及，这场封神之战也会让所有人都自然而然地联想到威尔特·张伯伦的"100 分之夜"。

噢，1961–1962 赛季，一个绝对神奇的赛季，全联盟总共才 9 支球队，"大北斗星"场均 50.4 分、25.7 个篮板，奥斯卡·罗伯特森也不遑多让地获得 30.8 分、12.5 个篮板、11.4 次助攻，16.9 分、23.9 个篮板的比尔·拉塞尔则率领波士顿凯尔特人队拿到五连冠并朝队史八连冠进发。而在 1962 年 3 月 2 日，费城勇士队（今天的金州勇士队）对阵纽约尼克斯队的比赛则载入史册，张伯伦狂砍 100 分。如此数据可谓"前无古人，后无来者"，那么这时候，你很难不把科比·布莱恩特的 81 分与威尔特·张伯伦的 100 分拿来对比，那么问题就来了：81 ： 100，谁更伟大？

如果单就数字来说，100 分当然比 81 分要强。100 分，一个非常神奇且极其好记的整数，即便发生在遥远的 1962 年 3 月 2 日，对于 NBA 球迷来说，这也算是人人皆知的常识。

但是，任何一个事物或者事件，脱离了时代背景去评判、去对比，显然毫无意义。比如古埃及人建立起来的金字塔，如果是由工业技术高度发达的现代人类来建造，根本就是个毫无难度的小工程，但如果考虑到是在公元前 2000 多年前，其伟大的价值就不言而喻。

NBA 的各项数据比较同样如此，从 1962 年 3 月 2 日到 2006 年 1 月 22 日，其间历经了将近 44 个赛季，整个 NBA 联盟也早已经历了沧海桑田。

那时候，威尔特·张伯伦所在的球队是费城勇士队，也就是当今金州勇士队的前身——这么多年以来，勇士队也已经从东海岸搬到西海岸，这就是 NBA 变迁的缩影。与球队搬迁相对应的是，NBA 在规则、人员配置、打法战术上的变化就更大了。

20 世纪 60 年代的比赛节奏之快是当今的 NBA 所无法企及的，尽管这些年联盟所兴起的小球、小个阵容的快速打法席卷全美，但与 20 世纪 60 年代相比，那还是小巫见大巫。这么说，20 世纪 60 年代是一个完全不设防的年代。防守是什么？压根儿就无人知道，也无人关心。

20 世纪 60 年代甚至没有"盖帽"这项技术统计，直到 1973–1974 赛季 NBA 才开始统计盖帽。

在那场费城勇士队与纽约尼克斯队的疯狂对轰中，双方打出了 169：147 的惊人比分——这等比分，99.99% 不可能在当今的 NBA 正式比赛中出现。如果你看到了类似的比分，那么一定是在全明星赛的赛场上。但在当时，这样的比分却是再正常不过了。

张伯伦打满了 48 分钟，一共触球 125 次，63 次出手命中 36 球，32 次罚球命中 28 球，得到了 100 分外加 25 个篮板。

可以说，张伯伦在 20 世纪 60 年代完全是一个 Bug 级的怪兽，不管是身高还是吨位，都无人能与之对抗，在面对防守者时，用"碾压"这个词再合适不过；再加上那个年代超快的进攻节奏，张伯伦获得的出手机会之多也是今天的篮球运动员所无法想象的。

在那场比赛的第 4 节，几乎已经进入了赤裸裸刷分的节奏，勇士队为了能让张伯伦得分，采取了对尼克斯队球员故意犯规的战术，这样能让比赛时间停止，然后，下一个进攻回合尽快把球交到张伯伦的手中。而有趣的是，尼克斯队回过头来同样用犯规作为回应，让张伯伦拿到了 32 次之多的罚球机会。到了最后，张伯伦甚至都已经要求提前下场，但勇士队主教练弗兰克·麦奎尔却想让他拿到 100 分，硬是把他留在球场上。如此荒唐的做法，连尼克斯队主帅埃迪·多诺万赛后都坦言，这样的比赛完全是一出闹剧。

与张伯伦的狂刷100分相比，科比的81分含金量却是货真价实的。湖人队刚刚经历了两连败，并且半场落后14分，他们需要科比站出来接管比赛，科比的确也做到了。更何况，这些分数大多数都是科比利用自己创造出来的机会而得分；而张伯伦的得分绝大多数都拜队友助攻所赐，这可是科比所无法享受到的福利。

作为外线球员，科比81分之战的投篮命中率为60.9%，而身为超级中锋的张伯伦100分之战的投篮命中率仅为57.1%——"黑曼巴"投篮距离更远但投篮命中率更高。理论说到这儿，可以听听科比整个NBA生涯的宿敌之一保罗·皮尔斯是如何评价的："这让人印象深刻，当你选择跳投时，身体更容易疲劳。而威尔特·张伯伦所有得分都是内线的近距离。如果你还想得到100分的话，那么就必须增加比赛时间，也许科比能例外，他能做到——如果每次投篮都由他执行的话。"

科比所得的81分占全队总得分122分的66.4%，这个比例是NBA历史之最，比张伯伦100分那场59.2%的占比还要高出不少。此外，81分占两队得分的比例也高达35.8%，也刷新了NBA历史纪录。

综上所述，从不同时代的球风、单场比赛的得分难度、得分效率以及对比赛胜负的意义来看，科比·布莱恩特的81分要超越威尔特·张伯伦的100分，这是毫无疑问的。

论得分能力，另外一个名字也是"黑曼巴"所无法回避的，那就是迈克尔·乔丹。

要知道，"飞人"职业生涯最高单场得分也不过是69分，而科比的81分，一下子就把乔丹甩到了身后，两相比较自是难免。

"虽然我的职业生涯一直被拿来和迈克尔·乔丹做对比，但我希望可以停止这样的比较。他是迈克尔·乔丹，我是科比，我们是完全不同的球员，我只是希望大家不要再这样对比了，因为这真的很困扰我。你不能把我所做的和他所做的进行比较，他就算不是历史上最强的，也是最强之一，没有可比性。"

科比不愿意进行对比，估计也是有原因的。首先，要说比赛强度，是科比输给了乔丹，那是菲尔·杰克逊首次执教乔丹，并劝他以团队进攻为主、尽量放弃个人单打独斗的赛季，最终他们在东部决赛中败给活塞队，之后便是 3 连胜，这样的一支队伍自然不允许队员随意进攻了——尽管他依然是全联盟的得分王，但相比之前的场均 37.1 分、35.0 分，这赛季的 33.6 分已充分体现"神"在进攻端的大公无私了。再说，他的队友斯科蒂·皮蓬、霍雷斯·格兰特、比尔·卡特莱特、约翰·帕格森都成气候，也不需要"神"每个回合都自己来。再看他们的对手，当时的克利夫兰骑士队主教练是著名的人称"千胜教头"的兰尼·威尔金斯，队中拥有罗恩·哈珀、布拉德·多赫蒂、拉里·南斯、马克·普莱斯、克雷格·艾卢以及绰号为"热棒"的 H.R. 威廉姆斯，尽管 1989–1990 赛季第 3 次止步于季后赛首轮，但也不是被攻下 81 分的多伦多猛龙队可比的。那么，从球队强弱以及在各自球队进攻端的重要性而言，"飞人"将"黑曼巴"甩出太远了。

乔丹的 69 分之夜的比赛时间是 3 月 28 日，"疯狂三月"将结束，公牛队要的是季后赛排位，骑士队要的是季后赛资格，双方都拼命往前冲，都杀红眼了。这方面又是迈克尔·乔丹胜出。

论及各自场次，科比的 81 分之夜是迫不得已，舍身救主。而乔丹的 69 分之夜则又不同，通过加时赛芝加哥公牛队以 117：113 胜出，难度更大。但考虑到他砍 69 分耗了 50 分钟，算是扯平吧。

迈克尔·乔丹的命中率是令人恐怖的 62.2%，向来冲击篮下的他本场比赛三分球只有 6 中 2，相比之下难度大多了。此外，几乎所有人都忽略的一个事实是：除了 69 分，他还有惊人的 18 个篮板、6 次助攻、4 次抢断、1 个盖帽！37 次出手只占全队的 42.5%，而科比的 46 次出手占全队的 52.3%。

此外，迈克尔·乔丹是在客场作战，那场比赛的主裁判是迪克·巴维塔，有时候被描述为"尼克斯队的巴维塔"，以吹罚巨星闻名，一生都没给过"飞人"几次好脸色……

诚如科比自己所言，还是不比较好了。各路粉丝且静静欣赏各自偶像的传奇吧。

科比凭借着本场比赛的 81 分，一举打破了埃尔金·贝勒在 1960 年 11 月 15 日对阵纽约尼克斯队所创造的 71 分的湖人队队史纪录。 时光横跨 46 年，一位巨星有幸见证了这两场里程碑式的比赛，他就是"天勾"。在科比的 81 分之夜，他已经是湖人队的助理教练，主要负责中锋的训练，尤其是刚刚选中的 10 号新秀安德鲁·拜纳姆，日后被称为"小鲨鱼"，再日后便又毁于自己的双手。

"当埃尔金·贝勒砍下 71 分的时候，我也在看那场比赛，所以我见证了这两场打破湖人队队史纪录的比赛。埃尔金破纪录的时候还没有三分线，他所有的得分都是靠突破以及 20 英尺内的跳投完成的，而科比的射程是超现实的，他用自己的方式做到了。"

当然，科比·布莱恩特的这 81 分之夜还要与他之前的无数个夜晚进行比较。结果，这场比赛的神奇之处还在于：这是科比自打篮球以来的单场最高得分，他在小学、中学时都没能得到这样的分数，然而，在一场正式的 NBA 比赛中他却完成了。而与对阵达拉斯独行侠队的三节暴砍 62 分相比，科比自己更看重的也是这 81 分之夜，因为 62 分的那场比赛，"紫金军团"赢得丝毫不费力气，而这场比赛，却是他的 81 分拯救了湖人队，这让科比有着更为特殊的成就感。

"那是当然的。这些分数更重要，我们需要得分。球队一度陷入降序，需要一个突破口，这些得分让我们重新找回了动力与能量，这意义更重大。" 科比·布莱恩特表示。

科比从小就梦想着有朝一日"魔术师"能在赛后打电话给自己。这天，梦想成真，埃尔文·约翰逊亲自致电祝贺科比，告诉他他有多么出色，自己有多么为他骄傲——对科比来说，这些的意义甚至要大过 81 分本身。

"黑曼巴"制造的 81 分也给联盟乃至全世界制造了一场超级大地震，大家似乎都陷入了恐慌，因为不知道谁、谁的球队会成为他的下一道背景。NBA 的上上下下都为科比的神迹所震惊，从他们的发言就能看出科比给他们带来的震撼。

特雷西·麦克格雷迪：我依然对这家伙所做的感到畏惧。这是怎样的表现啊，出手46次就砍下了81分，而且命中率还超过了50%。有一些场次我出手30次都感觉累坏了，他投篮46次还有20次罚球，得到81分，我简直不敢相信。当我们坐在大巴上时，卢瑟·海德对我大喊：'科比拿了70分了，比赛还有4分钟结束！'我说：'卢瑟，你别骗我。'我拿了钥匙就冲到房间赶紧打开电视，然后就看到科比在罚球线上拿下第79分。我赛后跟迈克·詹姆斯打了电话，他说他们没有包夹过科比——连一次都没有。在科比拿40分之后就应该用双人或者三人去包夹，当他拿下50分、拿下70分，你们在做什么？继续让他一对一地单挑？

德怀恩·韦德：每个人都打电话来，每个人都在给联盟中的球员说这事。给科比1个加时赛，没准就能破纪录。也许我现在就应该回家，然后在游戏里拿到80分。

阿伦·艾弗森：对于科比来说，这是一个奇迹之夜，太超现实了，就像是看一场电子游戏，他是这项运动最棒的球员。

贾森·基德：他打了多少分钟？42分钟。如果让他打1个加时赛，没准就能得100分了。100分是个可怕的分数，但如果你无法把球从一些人的手中拿走，那么这么是可能的。我不能说这完全不可能。

文斯·卡特：对于联盟、对于他来说，这是好事，因为引发了轰动效应。唯一不好的就是对年轻球员的影响，他们会想：'噢，我也要这么干。'然后就忘记了团队概念，这正是现在所缺失的。NBA想要追求分数，他们要更多的得分，球员会想得50分、60分，谁知道呢？我只是希望年轻球员知道，只是某些特定的家伙能做到这些，但……

拉里·伯德：太疯狂了，真的太疯狂。能得到这么多的分数，科比的出色程度是毋庸置疑的。不可思议，如果你不是已经确认这是真实的话，你是很难去相信的。

杰里·韦斯特：我不知道那个夜晚有谁能阻挡科比，我绝对不会说他不该投篮那么多次，你让联盟其他任何一位球员出手那么多次，都不会投中那么多个，我深知这一点，有些球员会嫉妒别人的伟大。科比是一位独一无二的天才，是个非常特别的人物，他坚信自己能蹦上月球的信念始终没有改变。

当然，科比也无法让所有人都拜服他的 81 分，比如斯科蒂·皮蓬。多年后皮蓬认为，与他和迈克尔·乔丹巅峰状态所在的 20 世纪 90 年代初相比，科比所面对的比赛简直可以说没有防守。他还认为，现在的比赛过于注重进攻，只要球员保持侵略性，那么他将会在进攻端无所不能。在皮蓬眼里，如果乔丹面对这样的防守他单场次下 100 分是轻而易举的，场均 40 分或者 50 分可能都不成问题。

回首 2006 年 1 月，科比整月都处于极度亢奋的状态中，当月一共打了 13 场比赛，其中有 7 场比赛的得分"40+"，场均能轰下 43.4 分，以毫无争议的优势当选当月的最佳球员。

现在，对于不少新球迷来说，他们一直都被 2015-2016 赛季的斯蒂芬·库里震撼着，但平心而论，不考虑球队战绩、单就个人表现而言，库里还是无法与 10 年前的科比相提并论。如果 10 年前有社交媒体的话，恐怕每当湖人队比赛，所有人的主页都要被科比的新闻刷屏。

2016 年是科比的 81 分之夜的 10 周年，同样，也是他终结职业生涯的时间，那些亲眼看见 81 分神奇之夜的见证人又何在呢？当年的多伦多猛龙队，阵中还有四人在 2016 年依然在 NBA 联盟征战，不过，他们都早已脱下猛龙队战袍，各为其主。其中最风光的当属克里斯·波什，转战迈阿密热火队的他与勒布朗·詹姆斯、德怀恩·韦德抱团组建"三巨头"，连拿两座总冠军奖杯，又获得 5 年 1.18 亿美元的超级大合同，已然是人生赢家，看起来科比的 81 分并没有给他的职业生涯留下多少阴影，只是可惜他连续两个赛季因肺血栓而提前报销，最终在 2017 年宣布退役。"红曼巴"马特·邦纳虽然一直都在扮演绿叶的角色，但在离开猛龙队后加盟圣安东尼奥马刺队是他生涯最重要也是最正确的决定，他也有拥有两枚总冠军戒指。何塞·卡尔德隆和查理·维兰纽瓦则是平平淡淡，波澜不惊。至于被视为需要承担最大责任的主帅萨姆·米切尔，在多伦多的短暂辉煌后被解聘，2016 年时在老东家明尼苏达森林狼充当救火队员的角色，担任临时主教练。

与当年的那群猛龙队对手们相比，科比在湖人队的老哥们儿则更是四处飘零。 最让人唏嘘的莫过于拉马尔·奥多姆，科比的 81 分当然少不了奥多姆激将法的功劳，而奥多姆现在却经历着人生的最低谷，篮球早就已经告别他的生活，鬼门关上走一遭的他当下最大的愿望就是好好活着。安德鲁·拜纳姆自从离开湖人队之后自甘堕落，如果他当初没有离开科比·布莱恩特，也许结局难讲。萨莎·乌贾西奇彻底沦为流浪汉，辗转于欧洲与 NBA，2015 年曾与恩师菲尔·杰克逊聚首纽约。当年十分不起眼的卢克·沃顿反倒是让人刮目相看，退役后转职教练的他在金州勇士队大获成功，2014-2015 赛季以助理教练的身份再夺总冠军，2015-2016 赛季再以代理主教练的身份帮助勇士队创造 24 连胜的历史纪录，而斯蒂芬·库里正是从此开始走向全联盟的得分王以及漫长封神之路。"禅师"则东渡纽约，不再执掌教鞭，效仿帕特·莱利当上球队总裁，但怎么都找不着当年当主帅时的感觉，用废了科比在球场上最得力的帮手德里克·费舍尔后，转而找来的是当初他在芝加哥执教时迈克尔·乔丹的敌人之一——杰夫·霍纳塞克。

10 年，说短不短，说长不长，足以改变太多的人与事。

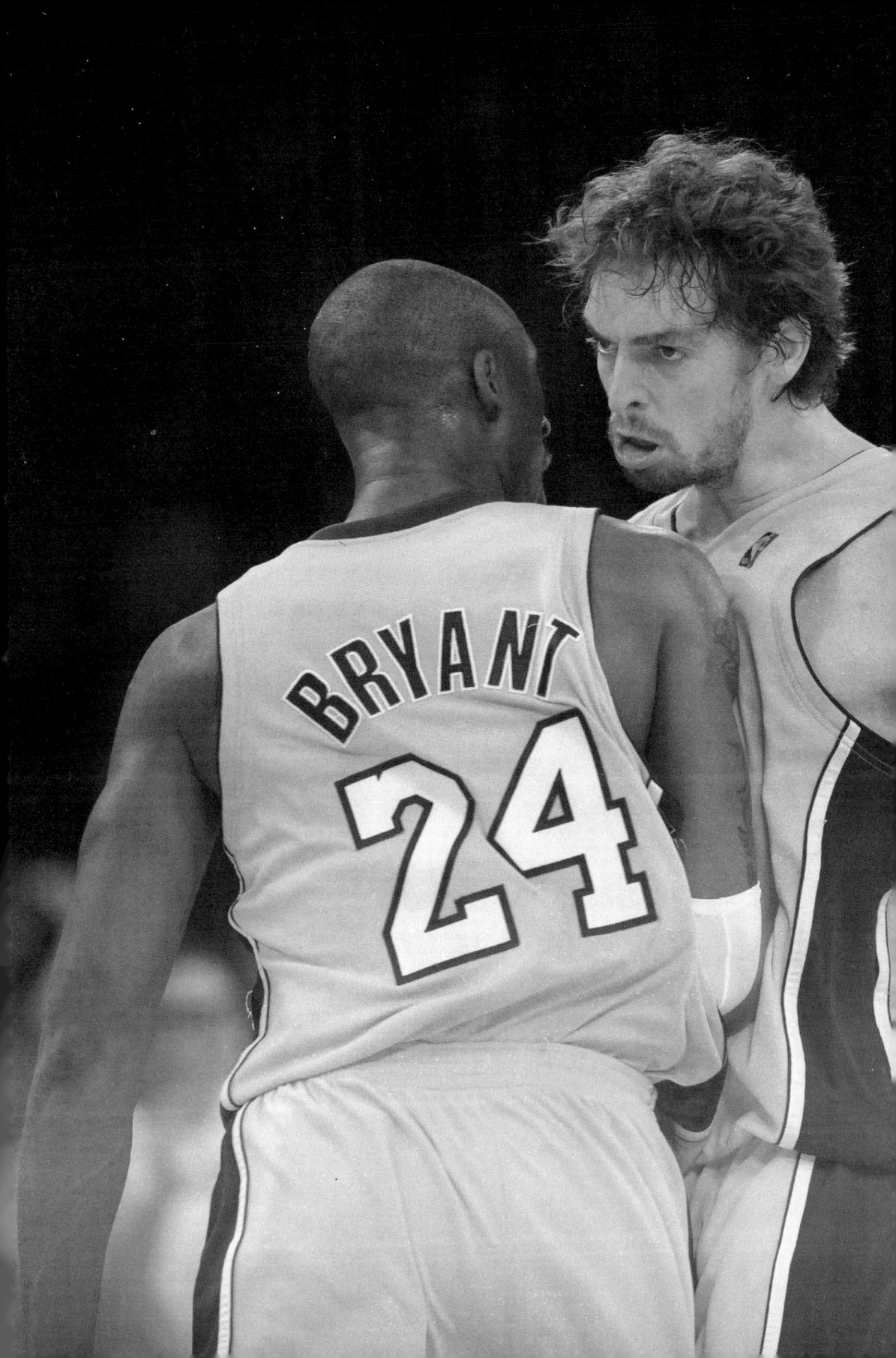

第二章

黎明
破晓前

2006.5.2 – 2008.2.1

任何一项团队荣誉都不可能离开合作伙伴，尤其是地位仅次于自己的合作伙伴，如果说之前的三连冠时期科比是沙奎尔的好伙伴，那么现在，科比也迎来了自己的好伙伴——保罗·加索尔。我的意思是说，在新的伙伴关系中科比才是主角，才是主导者；另一个显著的不同点是：在科比·布莱恩特和保罗·加索尔之间是从来没有发生过矛盾的，从来没有。

🏆 以恶汉之名（一）

回头详述 2005-2006 年的季后赛，主要是跟一个人有关——拉贾·贝尔。如果大家对这个名字陌生，那么提到"科比锁喉者"就知道了。湖人队的季后赛之旅是"一轮游"，面对的是菲尼克斯太阳队，但其实他们曾经有机会赢，而且是很好的机会。第 4 场，第 4 节，常规时间还剩 0.7 秒时，科比的进球将悬念带入加时赛，并且在加时赛的最后 11.7 秒连进两球，其中一个又是压哨绝杀，从而令湖人队在系列赛中以 3：1 领先。但不承想，随后的走势却是风云突变，太阳队在被逼到悬崖边后反而置之死地而后生，实现了大翻盘。尤为重要的是第 5 场。第 4 节，菲尼克斯太阳队的得分后卫拉贾·贝尔对科比上演了著名的锁喉手，两次用杀伤力极大的危险动作把科比掀翻在地，导致贝尔吃到两次技术犯规，并在还剩 7 分 33 秒时被主裁判罚下。贝尔这么做是有原因的，并且算是"物超所值"了，**科比本场拿到 29 分，末节开始时手感火热，连中 3 球拿下 7 分，但在遭遇贝尔的第 2 次锁喉后只得到 4 分，其中有 1 分还是对方的技术犯规而罚球所致。**这个动作恐怕也是科比职业生涯所遇到过的最凶狠的犯规，至今令人记忆犹新。如今，当球迷们在谈论贝尔时，多半都给他冠以"科比锁喉者"的名号，因为一次犯规而被球迷铭记，在 NBA 历史上可不多见，当然，主要因为受害者是科比。事后，贝尔对技术犯规只是轻描淡写地说："这轮系列赛有大量身体接触，从这一点来说，我只是在我低头的时候下巴被肘击后反应过大了，令我痛心的是，这使我的球队遭受了损失。"你们可是听明白了吧，他的意思是他才是受害者：科比肘击在前。

这个回合属于公案，只有当事人的陈说。但是，就本场比赛而言，作为受害者的科比·布莱恩特确实也不是什么好人，"黑曼巴"一旦亮出毒牙，比拉贾·贝尔之流更甚：还剩 3 分 11 秒的时候，他同样因为第 2 次技术犯规而被罚下，而科比恶意犯规的对象是当时的联盟当红小生——史蒂夫·纳什。

而在赛后放话，科比也比贝尔更狠，新闻发布会直言：

"我在费城长大时就是这么打球的，我喜欢这样的风格，对我来说没有比这更好的前进动力了。"

但就本轮系列赛而言，似乎更受激励的是太阳队。贝尔被罚下激发了太阳队全队的斗志，他们越战越勇，分差越拉越大，湖人队全队完全被打蒙了，最终，在科比情急之下吃到自己的第 2 次技术犯规被罚出场后完全溃败，以 97 ∶ 114 败北。然而，这只是湖人队在系列赛崩盘的开始。

第 6 场，主防科比的拉贾·贝尔遭到禁赛，科比狂砍 50 分，而之前他的单场得分最高才 29 分，从而创造了湖人队终结系列赛的最好时机，但他们让煮熟的鸭子飞走了：常规时间只剩最后的 6.3 秒时，湖人队还以 105 ∶ 102 领先，他们几乎要把西部联盟的 2 号种子淘汰，关键时刻蒂姆·托马斯的三分球追平了比分，湖人队被迫进入加时赛，最终以 118 ∶ 126 输了，系列赛总比分也被扳成 3 ∶ 3。相比于科比全场 35 投 20 中、三分球 8 中 5 的狂砍 50 分、8 个篮板、5 次助攻、3 次抢断，太阳队全队有四人得分"20+"，科比·布莱恩特再次验证：

一个人的力量难以抵御一个团队的多点开花。

当科比的得分分别为 22 分、29 分、17 分、24 分的时候，系列赛是湖人队以 3 ∶ 1 领先；而当科比的得分分别是 29 分、50 分、24 分的时候，3 ∶ 1 的领先被太阳队扳平并令湖人队士气由盛转衰，抢七战兵败如山倒，首节就被太阳队打了 32 ∶ 17，糟糕的开局让湖人队半截入土，客场作战的他们再也难以翻身，最终以 90 ∶ 121 惨败，以 3 ∶ 4 惨遭逆转。

"科比锁喉者"在这场系列赛中被贴在了拉贾·贝尔的前额，但也许是从对方的行动中脑洞大开，也许是风格使然而令二人英雄相惜，出人意料的却是，这场比赛中同样两次技术犯规的科比因为拉贾·贝尔而被忽视了，从此走上了一条另类的道路，在接下来的 2006-2007 赛季快速修炼成全联盟的超级恶汉。

2007 年 1 月 28 日，对阵圣安东尼奥马刺队，科比最后时刻的出手遭到马努·吉诺比利的封盖，科比顺势肘击了"阿根廷乔丹"的面部，尽管当时裁判甚至连犯规都没有吹罚，但联盟随后对科比追加禁赛 1 场，使得他缺席了接下来与纽约尼克斯队的比赛，湖人队为此付出了代价，最终以 94 ∶ 99 输球。对于自己的恶意犯规，科比永远都有说辞，这倒是与他永不服输的精神相一致。

"我一直都期待着在麦迪逊广场花园打球，这永远是一个乐趣十足的球馆。我对（我）遭到禁赛非常惊讶，感到很震惊，但事实就是如此。我不是有意肘击马努·吉诺比利的。就像你所说的，这是一场篮球比赛，你的肘部总是会无意碰到对手。"

3 月 6 日，对阵明尼苏达森林狼队，科比狠狠肘击了马科·贾里奇的面部，而原因同样是贾里奇在此前的防守中封盖了科比的三分球。科比因为这次犯规再次吃到禁赛的处罚，他只能在洛杉矶湖人队与密尔沃基雄鹿队的比赛中作壁上观，这也是科比职业生涯第 5 次遭到联盟禁赛。

"我感到非常惊讶，因为又看到这样的犯规出现。"时任 NBA 副总裁的斯图·杰克逊表达了对科比·布莱恩特的不满，他暗示，如果"黑曼巴"再有这样的动作将会面临更为严重的处罚。"我没有看回放，如果你问我对此事有何看法，我不认为科比是故意的，我不觉得球员应该为此遭到禁赛。"倒是受害者贾里奇站出来为科比辩护，"我认为他当时只是想造犯规，然后不小心打到了我。他在犯规后对我道歉了。"但斯图·杰克逊依然坚持自己的立场，他认为，科比的动作所造成的客观伤害决定了对他禁赛。

但是，连续禁赛并没有让科比拉紧缰绳，而是更加肆无忌惮。3月9日，禁赛后复出的第一场比赛，科比故态复萌，这次遭殃的是费城76人队射手凯利·科沃尔，科比因对手牛皮糖式的防守而恼羞成怒，用铁肘击打科沃尔的面部而被联盟追加一级恶意犯规。

与贾里奇一样，身为受害者的科沃尔同样为科比的犯规进行了辩护。"我不认为这是什么大事，我只是将其视为一次进攻犯规。在看过录像回放后，我觉得这可能会比在比赛中所想象得要糟糕。这发生得太快，但没什么大不了。这是比赛的一部分。"

虽然对手们屡屡为科比辩护，但斯图·杰克逊并不吃这套，这一次他提出了更为严厉的警告。"我们会考虑对科比施加多场禁赛，如果这样的犯规再发生，那么多场禁赛将很难避免。"杰克逊说，"自从进入联盟以来，我很少看到球员这么打球，甚至从来没有见过。"

斯图·杰克逊的终极表态最终还是震慑住了科比，自此之后，科比在场上的动作明显有所收敛，恶意犯规的风波就此告一段落。不过，纵观整个2006-2007赛季，科比·布莱恩特都充斥着大量恶意犯规，他成了联盟因恶意犯规禁赛最多场次的球员。但这是有原因的。

科比在2006-2007赛季打得如此暴力，与其说是球风肮脏，不如说是对球队、对失败感到失望的一种情绪宣泄。 2005-2006赛季尽管季后赛首轮被淘汰，但毕竟是"禅师"回归的第一个赛季，而且成绩大幅度提高，令科比相信未来。而到了赛季结束，科比在休赛期对受伤的膝盖进行了手术，他也因此缺席了在日本福冈举办的男篮世锦赛。而在湖人队管理层，除了在选秀中以第26顺位拿下乔丹·法马尔，最大动作就是以自由球员的身份签得日后被"禅师"斥为太软的弗拉迪米尔·拉德曼诺维奇，可以说，他们的阵容没有丝毫的改善，唯一能指望的只有奥多姆，像斯马什·帕克这样的不入流组织后卫都能牢牢占据湖人队的首发席位，可见球队阵容之薄弱。但科比除了能改变自己，其他的什么也做不了，那么他的对手们自然就成了科比的出气筒。而他之所以如此疯狂，乃至癫狂，又不得不提到"大鲨鱼"——科比自始至终的阴影。

在沙奎尔·奥尼尔离开的日子，也是科比职业生涯最低潮的节点，仿佛一直行进在永远看不到出口的隧洞里。而前面已有简单提及的一件事情，2005-2006赛季的迈阿密，在奥尼尔的大力提携下，"闪电侠"的数据迅速增长到27.2分、5.7个篮板、6.7次助攻、1.9次抢断、0.8个盖帽，一个全面而完美的核心出现了，被媒体追封为2003年选秀大会的"黄金时代"除勒布朗·詹姆斯、卡梅隆·安东尼之外的第三极。奥尼尔又降到17.3分、7.4个篮板，自从加盟NBA以来得分首次跌破20分，篮板首次跌破9个，但他"季后赛球员"的本质不变，不仅恢复到18.4分、9.8个篮板，而且关键时候屡屡发威：首轮对阵芝加哥公牛队的第6场，他狂砍30分、20个篮板、5次助攻，并送出2个盖帽，4：2结束战斗；次轮对阵新泽西篮网队，第5场，他25分钟内10投8中砍得17分，4：1结束战斗；东部决赛对阵底特律活塞队，第6场，28分、16个篮板，命中率是惊人的14中12，还送出5个盖帽，以4：2结束战斗。当韦德手感不好的时候，奥尼尔就站出来了。

跌跌撞撞进了总决赛，职业生涯第2次季后赛打了23场球的"大鲨鱼"也累了，碰到内线实力平平的达拉斯独行侠队反而疲软了，首战17分、7个篮板尚是及格，次战5分、6个篮板、2次助攻也许是到目前为止职业生涯的最黑暗成绩了，5中2，关键时他根本没有机会拿到球，热火队在客场以0：2输了比赛。这时候，"闪电侠"挺身而出，之前的整个常规赛季仅有4次得分"40+"，季后赛最高才35分、只有7场"30+"，不是如有天助，而是直接天神下凡，连续4场分别砍下42分、36分、40分、36分，奥尼尔也不闲着，16分11个篮板5次助攻、17分13个篮板3次助攻、18分12个篮板、9分12个

篮板，一鼓作气，趁势而上，甚至不需要抢七战，4∶2，直接夺走
总冠军。

需要指出的是，尽管球数下降很多，但在季后赛他的命中率高达
61.2%，反而是职业生涯的最高，而总共抢到 75 个进攻篮板，送出 34
个盖帽，都是全联盟的最高。他出色地为韦德完成了护航任务，兑现了
初到迈阿密时的公开承诺。

这时候，一下子嗨翻了的"大鲨鱼"不忘又在酒吧来几句说唱调，
甚至公开发行：

> 即使你有翅膀也永远不能像我一样飞翔
>
> 你让我想起了科比·布莱恩特
>
> 他也曾试图爬到我头上
>
> ……
>
> 但是你们无法得逞
>
> ……
>
> 即使你让他们把我交易走
>
> ……
>
> 但不管我身在何处
>
> 我都是不可战胜的
>
> 而你就是梅斯
>
> 只能在那里对我心存嫉妒

其实，被"大鲨鱼"公开羞辱的还有 2003–2004 赛季将"OK 组
合"打得屁滚尿流，但现在刚刚被"大鲨鱼"在东部决赛好好收拾的
本·华莱士，甚至还有 2003–2004 赛季在底特律活塞队举行加冕仪式
上唱功颂德的说唱艺人。非洲裔美国人的文化就是这样，别人都忍了，
但科比·布莱恩特不同，一来他和"大鲨鱼"的关系不同，若即若离，
又爱又恨，若平和却还要妒忌；二来他的心性不同，从不服输，一听

就要被刺激得发疯了，沙奎尔 2005-2006 赛季在迈阿密拿到职业生涯的第 4 个总冠军了，这可是沙奎尔在离开科比·布莱恩特之后拿到的总冠军，这枚总冠军，无异于摔打在科比的脸颊上——科比·布莱恩特，你离开沙奎尔·奥尼尔就是一事无成，只能在季后赛的边缘苦苦挣扎，只能眼看沙奎尔·奥尼尔即便离开了洛杉矶也能在迈阿密风生水起。

"我知道沙克会激励我拿更多总冠军，就像'魔术师'和迈克尔·乔丹一样，所以第 4 个总冠军成了我的目标，奥尼尔的第 4 个总冠军刺激了我，给了我更多的动力。"

日后，拿到第 5 座总冠军了，科比不忘公开调侃：我比沙奎尔多 1 个总冠军了。

妒忌之深、之厚重，由此可窥一班。但可惜的是，那时候的沙奎尔·奥尼尔身边有冉冉升起的德怀恩·韦德，而科比·布莱恩特却依然是孤家寡人，除了能提供心理安慰的"禅师"，唯有耐心等待卢克·沃顿、乔丹·法马尔、萨沙·武贾西奇这边角色球员的缓慢成长，安德鲁·拜纳姆表现出了潜能却没有实战能力。

但科比·布莱恩特的耐心向来是有限度的。2006-2007 赛季，他第 9 次入选全明星阵容并在全明星赛大放异彩，砍下 31 分、6 次助攻、6 次抢断，拿下职业生涯的第 2 座全明星赛 MVP 奖杯。

另有许多神迹，下面还要详说，但也是在 2006-2007 赛季，他遇到了不少场内场外的麻烦，与对手的冲突日趋白热化，引发了巨大争议，而他自己已经彻底沦为篮球场上的恶汉。

🏆 以恶汉之名（二）

2006-2007赛季，从"黑曼巴"队友们的日后发展来看，即便有了"禅师"的回归，这支队伍也并没有稳进季后赛的资本，因此，科比必须每场比赛都要爆发出120%的水准，确保把自己的能量彻底榨干为止。尤其是当交易截止日——2006年2月24日过后湖人队依然没有任何动静的时候。

果然，随着对手们的阵容调整以及全明星周末、"疯狂三月"的到来，竞争一波波地加剧，湖人队就有些支撑不住了。而这样的颓势，其实早有苗头，其分界线应该是2007年1月17日客场以100∶96击败强大的圣安东尼奥马刺队，取得三连胜，湖人队以26胜13负在豪强如林的西部联盟排第四，与排名第三的马刺队仅差半个胜场。但之后，形势急转直下，2连败、3连败、6连败、7连败，打到3月17日更是以33胜31负掉到了西部联盟第六。

而之前，即使是无缘季后赛的2004-2005赛季，"黑曼巴"到目前为止的职业生涯最长连败也就5场。

不仅科比急了，连菲尔·杰克逊也急了，毕竟，这也是他执教生涯的首次7连败。与之同步的是刚刚提及的"恶汉"这个热门话题，他当然是站在自己的弟子这边，对联盟进行了批评，直言这是联盟有预谋地对科比实施"迫害"。就在7连败的最后一场，3月15日客场对阵丹佛掘金队，当天上午，NBA联盟以不恰当评论而正式对"禅师"开出了5万美元的罚单。得知消息，在双方跳球之前，菲尔·杰克逊不忘再次嘲讽联盟："你只是因为批评官方而受到了处罚而已，他们是圣人。但我发现，在其他地方，其他人才是圣人。"如果真要评"垃圾话大王"，菲尔·杰克逊绝对要超过他的两大得意弟子——迈克尔·乔丹和科比·布莱恩特，他是多么强调官方的权威啊，又是多么露骨的嘲讽，关键是这次联盟找不到理由对他继续罚款了。

有这样的大背景，已经是怒火烧心的科比·布莱恩特宛若信子伸得很长很长的毒蛇，谁靠近他就要被咬。哪怕对方阵中主将是被誉为"黄曼巴"的布兰登·罗伊和已经成长得如同屠夫般凶恶的扎克·兰多夫。

3月16日，主场迎战波特兰开拓者队，昔日的强敌这时候已经没落了，但好歹还有罗伊，还继续为季后赛资格而战。与科比对位的是罗伊，在科比的防守下他全场只得到14分，21投仅6中，但湖人队内线完全被兰多夫打爆，一人砍得31分、7个篮板、6次助攻，而在常规时间还剩下1分41秒时，主队依然落后7分，这时候，科比手起刀落，连续命中3个三分球将双方带入加时赛，加时赛中他又连得9分，率领湖人队以116∶111终结了尴尬的7连败。

而整场比赛下来，科比是39投23中，其中，三分球12中8，65分也在科比的职业生涯单场得分中排名第二。在湖人队队史上，65分也排到了第四。还有一个细节被忽略了：这场比赛不仅是背靠背，而且是从丹佛赶回洛杉矶，虽然是主场，但仍然免不了长途劳顿的辛苦。"这样结束（7连败）真的是不可思议，他们不能从科比的手中拿走球，他们也阻止不了科比将球放进篮筐。他投中的那些三分球，是具有里程碑意义的。"菲尔·杰克逊说。而科比再次表达了他因肘击科沃尔而被联盟禁赛1场的失望之情——他还在生气，还在怒火烧心。

紧接着，3月18日，在斯台普斯中心迎战明尼苏达森林狼队，又有人要倒霉，哪怕这个人是同样永不服输的凯文·加内特。尽管从头至尾都是湖人队领先，优势最多时达到了17分，但无奈"黑曼巴"已经杀红了眼，谁都不认，全场出战45分钟，35投17中，其中三分球9投4中，最终砍下50分，率领湖人队以109∶102击败对手。这也是自1962–1963赛季以来首次有湖人队球员连续砍下"50+"，那次的缔造者还是埃尔金·贝勒。

"科比进入状态太快了，我们应该早些包夹他。"拿下26分、15个篮板、6次助攻的"狼王"有些后悔，但并不认输，感觉是自己的策略稍微有问题，不应该固执于限制科比的队友们。

而菲尔·杰克逊又在说风凉话了："我们在比赛的早些时候跟科比谈过，他不必等待。他需要在球队中扮演这样的角色，凭感觉接管比赛，只是从赛季的角度说现在这个时间是早了些。"

顾不及这些了，此时的科比就如同嗅到了血腥味的"黑曼巴"，一发不可收拾，能让他停下来的只有自己。接下来，客场对阵孟菲斯灰熊队，时间是3月22日，中间有长达四天的休整，正好供大家讨论科比的得分狂潮什么时候能停滞，有赞扬的，有批评的，批评的声音不外乎是他应该让队友们多得分，单打独斗长久不了，等等。

37投20中，三分球7投3中，这些声音丝毫不影响科比，他又爆砍60分，助湖人队以121∶119涉险过关，从而成为NBA历史上第4位连续3场比赛得分"50+"的球员，他之前的三位大神依次是威尔特·张伯伦、埃尔金·贝勒、迈克尔·乔丹。这时候，新的讨论话题是：下一场比赛科比会超越迈克尔·乔丹吗？但依然有批评声，认为首先是赢球，其次是数据，但问题是现在的湖人队是3连胜。

而数据，科比也不需要固执于"50+"啊……这时候，倒是少有人提及：这场比赛尽管从头至尾是湖人队领先，但分差几乎从没到两位数，也就是说，每次都是科比迎难而上。

"这很特别，因为这来自我们的3连胜。"科比的解释倒是很简洁。

对方打得不温不火，日后成为他队友的保罗·加索尔35分、15个篮板，迈克·米勒33分、4个篮板、7次助攻，双枪围剿不了科比，因为这次不是科比一个人在战斗，奥多姆20分、15个篮板、4次助攻，其他人也都有斩获。

3月23日对阵新奥尔良黄蜂队，又是背靠背的比赛，又是客场，此时，如果你认为科比会就此止步的话，那你可就大错特错了。头天才拼了45分钟，没想到，休息时间不超过24小时的科比又势不可当地29投16中，罚球更是16罚全中，再度拿下50分，率领湖人队以111∶105拿下比赛，成为NBA历史第2位连续4场比赛拿下"50+"

的球员，不想也知道，上次做到的是得分狂魔威尔特·张伯伦。这狂魔实在是令人没办法，职业生涯这样的壮举竟然有两次，甚至有过连续 5 场、连续 7 场得分"50+"的恐怖演出。

但无论如何，埃尔金·贝勒，尤其是迈克尔·乔丹被甩在身后了。

比较悲催的是，这次的背景人物是克里斯·保罗——一个同样不服输的狠角色。尽管他的数据也很豪华——28 分、6 个篮板、12 次助攻、4 次抢断，而队友泰森·钱德勒贡献了 22 分、22 个篮板，一度落后 17 分之多的他们在只剩 5 分 28 秒时追到只差 6 分，而且此后科比只命中一球，仅得 2 分。在科比·布莱恩特阴影中的队友们终于回来了，扶不上墙的夸梅·布朗得 6 分，拉马尔·奥多姆得 3 分，卢克·沃顿得 2 分，轻松保住了胜利。

"还需要记住两个星期前的禁赛吗？"菲尔·杰克逊反问记者们。

"人们正在谈论的事情令我感到沮丧，'他是一个肮脏的球员'，这对我是极大的侮辱，能让人们谈论别的东西让我感觉好多了。"

科比·布莱恩特的回答则是一字一顿。

这应该是最根本的原因。

4 连胜、连续 4 场得分"50+"的表现放在 NBA 历史上也是屈指可数的，展现了科比超人的体能和延续性，而且绝非所谓的"刷分"，不是单纯靠低命中率的堆积，4 场比赛的投篮命中率达到了 54%，作为后卫殊为不易。而在这阵疯狂之前，湖人队的经历是 16 场比赛输掉了 13 场，眼看队友们如此毫无抵抗地输球，彻底点燃了科比心中的怒火，这才是他大爆发的次要原因。

而在连续 4 场狂飙 "50+" 之后，湖人队对阵金州勇士队，科比在这场比赛中的手感依然没有冷却，全场 33 投 15 中拿下了 43 分、9 个篮板，让人印象深刻的是当时媒体的标题《科比只得 43 分》。对于那时候的球迷来说，科比拿 40 分、50 分已经是稀松平常；而对于许多 NBA 球员来说，他们整个职业生涯可能都拿不到单场 40 分，然而 43 分到了科比这儿只能是 "只得"，可见 2006-2007 赛季科比在进攻端的逆天程度。

疯狂飙分，全胜佳绩，凭借着这段怒火中烧的状态，科比在 3 月份率领湖人队展开了最后冲刺，这也是科比生涯最具个人英雄主义的表演，堪比宇宙中的超新星爆发，他把自己完全点亮，成为宇宙中最闪亮的星，在那段疯狂时期，联盟其他球员，不管是谁在科比面前都变得黯淡无光。

最终，2005-2006 赛季的最后阶段，科比的场均得分反超了卡梅隆·安东尼 2.7 分，最终以 31.6 分卫冕得分王的荣誉。

若论整个 2006-2007 赛季，科比·布莱恩特一共打出了 10 次单场得分 "50+"，单就这点而言，整部 NBA 历史能匹配他的也只有威尔特·张伯伦一人而已。也是这个赛季，科比以个人英雄主义的表现为他赢得了大量粉丝，人气高到无以复加，不管在美国还是在中国，球衣销量都排名第一。当然，也有人把科比球衣销售的井喷归结于他的新球衣号码：24 号。

前面有过专门述说，不再重复。

🏆 逼宫事件

等到科比·布莱恩特宣布退役时，他已是忠诚的代名词，但在NBA，"忠诚"二字并没有想象中的那样情怀满满。还记得凯文·加内特当年曾经对勒布朗·詹姆斯所说的那句话吗？

"有时候，忠诚会伤害你。"

忠诚的代价非常昂贵，之于"狼王"是在明尼苏达消耗了整整12个赛季的巅峰状态，之于"詹姆斯大帝"就是个人状态最好的8个赛季在克利夫兰根本出不了头。而与加内特、詹姆斯相比，科比·布莱恩特无疑是幸运的，他终生效力一支球队并且长达20赛季，进入联盟的时候身边便有"大鲨鱼"，青春年少便建立了三连冠的伟业，然而，在2007年的夏天，科比逼宫管理层要求交易的那一幕至今都令人记忆犹新，如果交易成功，那么之后的科比·布莱恩特、洛杉矶湖人队、NBA的历史也许都会被彻底改写。

这件事情，也是有着深厚背景与矛盾积累的，要了解个中缘由，还得从2006-2007赛季的季后赛说起。

2005-2006赛季湖人队在季后赛与菲尼克斯太阳队相遇，与史蒂夫·纳什相遇，在3：1领先的大好情况下最终被以3：4大翻盘，且抢七战狂输31分。但那时候的科比还能稳住，毕竟，这是"大鲨鱼"离开后他首次打进了季后赛，而且个人得分能力登峰造极，震慑全联盟。

之后的2006-2007赛季首轮又是与菲尼克斯太阳队相遇，又是与史蒂夫·纳什相遇，这次，除了次战失常，其他四场比赛科比都是相当神勇，39分、45分、31分、34分，但这次没有大翻盘也没有被大翻盘，没有逆转也没被大逆转，1：4，输得迅速，输得干脆。

单说次战，没有客观原因，但有一个有趣、惊险、像谜一样的插曲：

在上半时结束——不，在首节结束的时候胜负便失去了悬念，最终比分是 89∶126，这样的情况下，总共才出战 34 分钟、13 投中 3，仅得 15 分的科比，在第 3 节还剩 2 分 33 秒的时候便退场，这时候的湖人队已经落后 28 分，都认为他不会再回来了；没想到，在还剩 8 分 52 秒的时候，"禅师"又把他派上球场，而这时候的湖人队更是落后 31 分，已没有任何的必要。赛后科比直言，他不明白这是为什么。而万万没想到的就是在这段毫无意义的时间里，他与太阳队的锋卫摇摆人、巴西人莱昂德罗·巴博萨相撞而扭伤了右脚踝，只能在还剩 5 分 44 秒的时候被换下。

谁也不知道这次受伤会是什么样的影响。第 3 战以及接下来的比赛他能出场吗？菲尔·杰克逊如此安排又究竟是为什么？面对一连串的疑问，"禅师"却是相当地淡定，若无其事，轻描淡写："还有 8 分 59 秒（注：官方统计表是 8 分 52 秒），这还是球赛的收尾阶段。"

不明白归不明白，但另一层意思科比估计是明白了：在开局阶段被对方打花是常有的事情，尤其是身边没有了"大鲨鱼"这种为比赛定下基调的球员。所以那时候的他并没有抱怨什么，反而安慰队友们："在季后赛中这没什么。一场失利，有办法解决问题的。"尽管所有的队友只有奥多姆得分上双。

但当系列赛结束，虽然科比的个人表现已经达到登峰造极的境界却依然痛感独木难支，失望的背后多少带着些许绝望的气息，科比再也稳不住了，因为他明白：**2005－2006、2006－2007 赛季的表现已经达到了科比所能到达的极限，从某种意义上来说，单场 81 分、连续 4 场"50+"的演出比肩甚至超越了迈克尔·乔丹。**作为 NBA 球员，这就是上限之所在，你不可能指望科比再复制威尔特·张伯伦在那个特殊时代的变态数据，而在科比火力全开的情况下，湖人队也只不过是"首轮游"的命运，一切的一切，让科比的心态有了不自觉的变化，为马上到来的风波以及变局埋下了伏笔。

这样的心境，同样可以从球场上的表现看出来：被淘汰的第 5 场，当太阳队已经以 104 ： 91 领先的时候，科比·布莱恩特居然又吃到了技术犯规——怎么看都像是绝望之余的有意之举。

2006－2007 赛季的首轮出局令"黑曼巴"身心俱疲。

此时，距离 2004 年夏天"F4 组合"散伙已经过去了整整三年的时间，当初，湖人队管理层曾经承诺将会在短期内完成重建，让球队重新拥有夺得总冠军的实力，然而，三年过去了，科比发现管理层的承诺根本就是一张无法兑现的空头支票。对于科比这种把胜利看得比生命还重要的球员来说，简直是在炼狱中煎熬。再加上沙奎尔·奥尼尔 2005-2006 赛季帮助迈阿密热火队夺得总冠军深深刺激了科比，多重因素的叠加，使得科比走到了要和湖人队摊牌的时刻。

当初，虽然湖人队踢走"大鲨鱼"使得科比成了"OK 组合"之争的胜利者，但科比与管理层的蜜月期并没有持续多久。最初的龃龉是，2004-2005 赛季结束的休赛期，具体时间是 2005 年 8 月 2 日，时任总经理的米奇·库普切克在科比毫不知情的情况下将卡隆·巴特勒和查基·阿特金斯交易离队，找来的是夸梅·布朗和作为添头的拉隆·普罗菲特，要知道，阿特金斯被科比讨厌当然得走，但卡隆·巴特勒可是科比的跟班小弟啊——科比在 NBA 圈子里的朋友少之又少，据说只有 4 个，而卡隆·巴特勒就是其中之一，库普切克的这笔交易让科比异常恼火，这就是科比与管理层矛盾的导火索。

而从事后来看，换来的夸梅·布朗来之前是"水货"，来之后依然是"水货"；而送走的卡隆·巴特勒节节攀升，与吉尔伯特·阿里纳斯、安托万·贾米森一道助华盛顿奇才队复苏，自己也入选全明星阵容。

卡隆·巴特勒只是缩影。事实上，2005-2006、2006-2007 这两个赛季的湖人队，在引援方面可谓"光打雷，不下雨"，自己球队供养着诸如夸梅·布朗、克里斯·米姆、斯马什·帕克之流的废柴，有实力的球员进不来，能得科比赏识的仅有拉马尔·奥多姆，如此配置想要重夺总冠军，无异于痴人说梦。

而要说起这个斯马什·帕克，绝对是科比的队友名单中排得上号的奇葩人物，恐怕也是科比整个职业生涯最讨厌的队友，甚至可以说没有之一。"如果我觉得一个球员是废物的话，他就是一个废物。当斯马什·帕克在这里的时候我可以告诉你他就是一个废物。"科比是如此评价这位队友的。

这位草莽英雄号称"死神"，令科比如此粗鲁地评价也是有原因的。在科比的 NBA 生涯中并不是没有经历过烂队友，也并不是他不能忍烂队友，但打得差又胆敢挑战科比权威的，帕克算是独一无二了。在湖人队效力的两个赛季，帕克充斥着大量莫名其妙的失误、精神短路的传球、无脑的出手、不知疲倦的打铁，这些也就罢了，最让人感到不可思议的是他竟然公然叫板科比，认为科比的出手太多，在 2006−2007 赛季后半段他甚至不太传球给科比，然后⋯⋯就没有然后了，合同到期后即被湖人队扫地出门，来中国，去希腊联赛。

"他太糟糕了，根本不配出现在 NBA 赛场上，我们在组织后卫位置上花的钱太少了。我告诉过史蒂夫·纳什：'赢得了 MVP，那是因为我当时在跟斯马什·帕克这样的球员在一起打球。'"

科比对帕克的批评丝毫不留情面，这时候，"死神"与科比本质相同的一面尽显无遗：对科比反唇相讥，爆料称，科比对待队友就像对待屎一样。"科比亲口告诉我，叫我不能和他说话，以我的身份还配不上和他说话。"帕克狂揭科比的老底，并指科比甚至不与队里大部分队友交谈。只是这个"死神"的实力弱爆了，很多人把他的话当作笑谈。

其实，"斯马什·帕克现象"只是这三个赛季湖人队在交易市场的缩影——众所周知，科比是一位对队友要求极为苛刻的家伙，要想达到科比的标准并不是一件容易的事，更不用说像帕克这样给自己添堵的了。

那么，接下来就是好莱坞大片上演了，一集又一集。

2007 年 5 月 2 日，科比的 2006−2007 赛季宣告结束。

28 日，科比接受 *ESPN* 王牌记者史蒂芬·A·史密斯采访时直接向湖人队摊牌，要么把杰里·韦斯特请回来，要么就把他自己交易走！不过，这句话说出去没过几小时，科比就收回了交易申请。

两天后，科比在另外一档节目中再度放话考虑被交易离队。**"管理层已经是一团糟，我曾经只想让球队争夺总冠军，但现在我被当作替罪羊。"科比再次炮轰湖人队管理层，这次，他可是彻底撕破脸了，在要求交易的同时甚至不顾后果，生猛爆料，称湖人队管理层才是沙奎尔·奥尼尔离队的幕后最大黑手。**

"巴斯老板当时找我面谈，我去了他的房间，他面无表情地看着我说：'科比，我不打算续约沙奎尔，我不打算给他 1 年 3000 万美元或者 3 年 8000 万美元，绝对不可能！我认为他在不断老去，他的身体快不行了，我不会给他那些钱，现在交易他的价值肯定比之前高得多。这是我的决定，与你无关，不管你的决定是什么，我都不会给沙奎尔那么多钱。'"

"这就是杰里·巴斯说过的话。几年以来我什么都没说，因为我知道我所说的会引起大家的争论。不过现在我知道了，我意识到湖人队的做法，只是为了掩饰他们自己而已。的确，我和沙奎尔有过危机，但那又怎么样？我们一起打球，拿过 3 个总冠军，事情不可能改变。"

科比认为，自己成了背锅侠。

在遭遇困境的时候，科比第一个想到的解决方案就是请回"LOGO"，这并不出人意料：在科比的职业生涯中，杰里·韦斯特一直都在扮演着亦师亦父的角色，当初正是"湖人队教父"慧眼识才将其从夏洛特黄蜂队交易到洛杉矶湖人队——那时候，并没有多少人能想到这位仅排名 13 顺位的新秀能成为史上最伟大的球员之一。如果没有杰里·韦斯特的青睐，恐怕就没有今日的科比·布莱恩特。

但是现在，这谈何容易？韦斯特因为"禅师"的排挤而离开洛杉矶湖人队，继而转战孟菲斯灰熊队，而他对这支搬回美国本土的弱队的改造已经大获成功，2004-2005 赛季灰熊队自建队以来首次单赛季 50

胜，他本人当选最佳经理，此后，灰熊队在他的治理下逐渐成为西部强队。在灰熊队作为新兴势力逐渐崛起的同时，家大业大的湖人队却在摇摇欲坠，这一切，科比都看在眼里。

科比的天才之处，也是稚嫩之处，在于：他看到的不仅是灰熊队与湖人队的对比，而且看到了韦斯特与灰熊队的合同于2007年夏天到期，于是，在他脑海中，一瞬间就闪现出逼宫湖人队重新请回恩师的想法。

之所以说他稚嫩，是因为有些事情他看到了但不懂：这时候的杰里·韦斯特与老东家的关系错综复杂，他与菲尔·杰克逊的关系非常糟糕，坦言"禅师"根本不尊重他，当初离开湖人队正是与"禅师"闹翻，湖人队在他与"禅师"之间选择了后者。现在，虽然有科比的诚意邀请，但韦斯特不愿意再回湖人队蹚浑水；而湖人队也并没有明确表达过换总经理的想法，此事随后也就不了了之。

NBA的内部矛盾绝大多数都在内部化解，直接由当事人捅到媒体的少之又少，科比既然敢这么干，自然是做好了决裂的打算，他的表态在北美体育圈引发了轩然大波。在随后的几天里，科比天天被媒体追问交易的问题，科比的回答则是反反复复，让人摸不着头脑。

逼宫消息炸锅了，联盟中不管是力挺派还是炮轰派都兼而有之，一时热闹无比，连"飞人"也不得不站出来表达看法。"我没经历过这些，但我可以理解他。我们都知道科比非常渴望胜利，可事实并非像他想的那样。我能理解，他不想输，他只是想证明自己。我认为这不是解决问题的最佳方式，湖人队拥有很出色的团队、很棒的总经理和主教练，我没面临过类似的难题，但如果是我，我不会说那些话。科比要变得更成熟，相信队友和球队，他必须明白，球队一定会朝着正确的方向前进。"

具有讽刺意义的是，杰里·巴斯的长子乔尼·巴斯却力挺科比，他认为交易风波并非无理取闹。"如果你跟踪着科比如此戏剧性的举动，那我想让你知道的就是这不是真正的戏剧。有时候我们需要在自己的生活中有所改变，不管是出名的还是不出名的，只要觉得是时候了，那么就去做吧，不管科比去哪里，我都祝他好运。"乔尼·巴斯在博客上写道。

科比对洛杉矶的影响是全方位的，他的名字就是票房的保证，意味着巨大的商业价值，因此，在传出科比逼宫的消息之后，洛杉矶当地的体育商业协会感受到了深深的恐慌，他们站出来挽留科比——谁也不希望科比这样的"肥水"流到外人田。球迷们也不愿意看到洛杉矶的城市英雄改换门庭，纷纷致电湖人队，要求留下科比，甚至还威胁球队：一旦科比离开球队，将会给湖人队好看。不过，问题在于，这些外部因素很难让当时的"黑曼巴"有所动摇。

在此后曝光的一个与球迷对话视频中，我们可以看到当时的科比对湖人队有多么绝望。

> **球迷：** **请告诉我们，你会留下。**
>
> **科比：** **什么？**
>
> **球迷：** **请告诉我们你会留下。**
>
> **科比：** **哥们儿，去买一件公牛队的球衣吧。**
>
> **球迷：** **你是认真的吗？**
>
> **科比：** **当然。**
>
> **球迷：** **真的是认真的吗？**
>
> **科比：** **是的。**
>
> **球迷：** **这并不值得，你应该留下来。**
>
> **科比：** **巴斯博士是一个蠢货！**
>
> **球迷：** **这倒是真的，祝你好运。**
>
> **科比：** **谢谢，哥们儿。**

科比所提到的公牛队，是在 2007 年暑假最有希望得到他的球队。公牛队王朝自乔丹退役之后就一直重建无果，如果能从湖人队挖来科比，无疑是最快复辟的捷径。因此，在"黑曼巴"放话逼宫交易之后，公牛队就一直是追逐攻势最猛烈的球队。

既然都这样了，那就废话少说，直接上谈判桌解决吧。杰里·巴斯给出了一份潜在下家的名单供科比过目，其中自然包括了芝加哥公牛队的名字。但巴斯警告科比："我会把你交易到一支不在名单里的球队。"这支球队就是底特律活塞队。

为了得到科比，活塞队开出了包含理查德·汉密尔顿、阿米尔·约翰逊以及未来选秀权在内的报价，湖人队同意了报价。不过科比利用自身合同中的交易否决权表明了态度——No。活塞队只得悻悻退出这场战局。这座城市已经进入萎靡期并最终破产，犯罪率居高不下，与之相对应的活塞队也开始走下坡路，科比可不乐意。

活塞队的出局给了公牛队可乘之机，芝加哥人志在必得，湖人队最想要的是罗尔·邓，但最初公牛队并不想放人，无奈科比的诱惑实在是太大了，他们最终非常豪爽地把罗尔·邓、泰伦斯·托马斯、本·戈登以及新秀乔金·诺阿全部摆在谈判桌上，只要湖人队点头，这些筹码就全部归洛杉矶了。但问题又来了，罗尔·邓是科比极为欣赏的球员，如果公牛队把罗尔·邓作为筹码送走，那么公牛队就剩下了一具空壳，去这么一支球队当光杆司令又有什么意义呢？还不如留在洛杉矶。科比当然不是傻子，他再度否决了交易方案。

之后就是达拉斯独行侠队的粉墨登场，全联盟最有个性的老板马克·库班接连致电杰里·巴斯，表示除了德克·诺维茨基外的其他独行侠队球员随便挑——在这里补一句，要说"忠诚"，马克·库班才是玩真的——不过，独行侠队的求购并没有得到巴斯的认可，而科比对独行侠队也兴趣欠缺，交易又默默搁浅。

就连手握特雷西·麦克格雷迪的休斯敦火箭队也蠢蠢欲动，让我们看看《休斯敦纪事报》当时的跟队记者弗兰·比要伯利是怎么说的：

现在，每座城市、每支球队、每位球迷都在策划着交易科比·布莱恩特的方案，但唯一完美的方案非"T－Mac"换科比莫属。这是一个世纪级别的交易，很符合火箭队老板莱斯利·亚历山大的需求，科比是交易市场的头牌，他急于离开被严重高估的夸梅·布朗和没多少进步的安德鲁·拜纳姆，他会渴望获得与姚明并肩战斗的机会。科比与"T－Mac"相比，优势在于杀手本能和超强的心理素质，这些都是"T－Mac"所不具备的，科比将是姚明的理想搭档。至于湖人队，收获"T－Mac"对他们也有好处，"T－Mac"能得分也能传球，使得湖人队对其他球员更有吸引力。

事实上，2007年的暑假是火箭队最后一次有机会用"T-Mac"交易科比·布莱恩特，那时候的"T-Mac"尚处巅峰期，场均24.6分、5.3个篮板、6.5次助攻，自此之后就伤病缠身从神坛跌落。不过出于种种原因，这个交易提案并没有被真正地拿来讨论，科比与"T-Mac"失去了一次互换角色的机会。

在过去的20年里，2007年也许是一个最为重要的年份，那年的种种变化为NBA带来了蝴蝶效应，使得联盟变成了现在这般模样。

在科比与湖人队不断扯皮的同时，事实上也在影响另外一位超级巨星——凯文·加内特的决定，他在那个暑假的选择彻底改写了联盟的走向与趋势。

2006-2007赛季的总决赛中，圣安东尼奥马刺队以4：0横扫克利夫兰骑士队而再次在奇数年夺冠。结果是一家欢喜几家愁，尤其是在西部被马刺队压得直不起腰的科比和加内特，都在盘算着自己的未来。加内特从明尼苏达森林狼队出走成为定局，问题只在于，当时的他并未选定自己的下家——以他对森林狼队的贡献，森林狼队完全会遵从他的意愿而将他交易到心仪的球队。

那么湖人队会是凯文·加内特的备选吗？这毫无疑问。"狼王"从小崇拜的偶像就是"魔术师"，而湖人队也一直都是他所喜爱的球队。另外，加内特在加利福尼亚州的度假胜地马里布海滩还有一套别墅，他每年暑假都会在那儿，对于加内特来说，加利福尼亚州是再熟悉不过了。

就在那个暑假，湖人队在应对科比逼宫的同时，也在试探着交易加内特的可能性，他们愿意打包送出安德鲁·拜纳姆和拉马尔·奥多姆，这样的报价不成问题，森林狼队也欣然接受。然而，科比·布莱恩特与湖人队管理层之间的闹剧让凯文·加内特踌躇不前了。

"说实话，我曾经非常接近。对于当时的湖人队我最大的担心就是科比·布莱恩特和菲尔·杰克逊的关系，那段时间他们的关系不好，而且当时湖人队充满了不确定性，这些都不是我想要的。他们发生了很多事情，而我不想参与其中。"

看到了吧，当一支球队内部混乱、关系复杂的时候，连"狼王"都感觉拿捏不住并最终拒绝——凯文·加内特怕过谁？

假如时光倒流，加内特同意加盟湖人队，"KK组合"横空出世，两位史上最传奇高中球员的组合又会创造什么样的"洛杉矶传奇"？从性格层面来看，加内特与科比如出一辙，都是胜利的偏执狂，不管对自己还是对队友都有着最严苛的要求，他们俩的组合也许会成为最有化学反应的配对。而早在1998年的全明星赛上，他俩就曾经有过非常经典的空接连线，那记扣篮是全明星赛史上最精彩的配合之一。科比和加内特的打法均为攻守一体，二人都是最佳防守阵容的常客，能够想象一支球队里拥有两位最佳防守阵容成员是什么样的情景吗？而且加内特的球风极为无私，占用球权比例低，可以完美兼容科比的高出手。

又假如在完成凯文·加内特的交易后，湖人队不做任何变动，球队以"KK组合"打底，再等1个赛季，他们在2007年6月28日的选秀大会上挑中的 40 号新秀马克·加索尔加盟 NBA 了，"科比·布莱恩特 + 凯文·加内特 + 马克·加索尔"又会是什么样的情景？又假如得到加内特后继续交易，后面的计划不变，从孟菲斯灰熊队引入保罗·加索尔，从而形成"科比·布莱恩特 + 凯文·加内特 + 保罗·加索尔"的三巨头，以他们全都处于巅峰期的战力叠加，联盟是不是基本上没其他球队什么事情了？洛杉矶湖人队复制三连冠也不是没有可能。而如果不是凯文·加内特去了波士顿凯尔特人队，那么 2007–2008 赛季最有可能从东部杀入总决赛的仍是克利夫兰骑士队，那么"勒布朗·詹姆斯 VS 科比·布莱恩特""23VS24"也就成为现实了，也不至于时至今日，两大巨星没能在季后赛乃至总决赛中上演巅峰对决依然是各自死忠们的最大遗憾。当然，可以肯定，那时候的骑士队根本无力与这样一套豪华阵容对抗，也许这也会加速詹姆斯出走抱团的进程。一笔交易的成与败带来的蝴蝶效应千变万化。

前面反复说过历史没有假设，湖人队的内乱让他们错失了得到凯文·加内特的机会。最终，是他们在东海岸的宿敌波士顿凯尔特人队在默不作声但井然有序地执行着自己的终极计划。身上已有杰里·韦斯特之风骨的凯尔特人队总经理丹尼·安吉，先是与西雅图超音速（注：现在的俄克拉荷马雷霆队）达成三换一的交易，用杰夫·格林、沃利·斯泽比亚克、德隆特·韦斯特三人换来了雷·阿伦，这样一来，他们手头已经拥有两块争冠拼图——保罗·皮尔斯与雷·阿伦。然后，再用雷·阿伦为诱饵来吸引凯文·加内特的加盟，对于加内特来说，与其联手处于风暴中心的"黑曼巴"，倒不如选择更有确定性的"保罗·皮尔斯 + 雷·阿伦"。而安吉与那时候的明尼苏达森林狼队总经理凯文·麦克海尔是当年凯尔特人队时期的至交好友，他们的良好私交让交易最终成为现实。

2007 年 7 月 31 日，凯尔特人队官方正式宣布了凯文·加内特的加盟，付出的代价则是艾尔·杰弗森、杰拉德·格林、莱恩·戈麦斯、西奥·拉特利夫、塞巴斯蒂安·特尔费尔以及 2009 年的两个首轮选秀权（前 3 顺位受保护），终于换得"狼王"。至此，

湖人队只能眼睁睁地看着宿敌重新崛起，而这次却是他们自己亲手为凯尔特人队做的绿衫嫁衣。

湖人队在这个夏天的最大动作就是挑中了马克·加索尔，但当时全世界没有任何人能看到他的未来——当然，又是杰里·韦斯特除外。这次选秀，湖人队拥有 3 个选秀权，结果，除了马克·加索尔，他们还在第 19 顺位选中了贾维斯·克里坦顿，这哥们儿在 NBA 有一件惊天地、泣鬼神之作——一把子弹上膛的手枪，结果，打了两个赛季便从 NBA 消失，日后来中国的 CBA 也就打了 5 场球，原因是脾气暴躁，看来科比是撞上"死神第二"了；湖人队又在第 40 顺位选中了孙悦。

客观地说，他们也做出一个无比英明、无比正确的决策：离开洛杉矶的费舍尔，尽管有大合同，但过得并不开心，在金州打的是首发，但后来这支球队交易来了球队核心、后来率队创造"黑八奇迹"的拜伦·戴维斯，并在两个赛季后将"小鱼"交易到犹他爵士队，在这儿，他帮助球队在 2006-2007 赛季打进西部决赛，但很不幸，因为需要回洛杉矶照顾 10 个月大的双胞胎之一——塔图姆，犹他爵士队也只好和他协商终止了合同，米奇·库普切克趁机签得他，"小鱼"成为日后的冠军团队的 1 号位首发，并多次挽救球队，而此时的"小鱼"已经熬成 33 岁的"大鱼""老鱼"了。

2007 年夏天是科比第一次代表美国男篮出战，他率领美国男篮以全胜战绩夺得美洲锦标赛冠军，同时也获得了 2008 年奥运会入场券。在这段时间里，交易风波得到了暂时的冷却，科比也拒绝对此事发表任何看法。加之菲尔·杰克逊居间斡旋，他表示了对科比的支持与理解，并表示湖人队竞争力不足的事实是显而易见的，这才令科比慢慢平静。

然而，一波未平一波又起，这边与其他球队的绯闻尚未完全冷却，洛杉矶湖人队与菲尼克斯太阳队又打得火热，这对在过去两个赛季的季后赛中硬碰硬的死敌，这时候却能坐下来商讨交易的可能性。太阳队在常规赛总是所向披靡，但在季后赛却总是步履艰难，被说成一支常规赛球队，两届 MVP 得主史蒂夫·纳什似乎也只是一名常规赛球员——他们所缺的，就是像科比这样的狠角色。湖人队也不含糊，开口就是一换二，要求太阳队打包"史蒂夫·纳什＋肖恩·马里昂"——要知道，纳什可是刚蝉联了 MVP，而 2006-2007 赛季的"骇客"也正处于巅峰期，入选了全明星阵容，并且被评为全联盟各项技术最全面的球员，再说，送走了史蒂夫·纳什的太阳队又能有什么作为呢？这么狠的开价立马被太阳队一口回绝。紧接着，湖人队又开出了第二份报价，希望用科比换阿马雷·斯塔德迈尔、拉贾·贝尔、莱昂德罗·巴博萨。斯塔德迈尔自不用多说，巴博萨也是当季的最佳第六人，贝尔也是最好的"3D"球员（注：三分球＋防守，英语单词分别是 3 Point 和 Defense）之一，这样的开价依然被太阳队拒绝。与此同时，时任太阳队主帅的迈克·德安东尼开始怀疑湖人队的诚意，因为他不相信湖人队会把科比送给西部的竞争对手。

2007 年 9 月底，湖人队的新赛季训练营正式开营，科比非常准时地前往夏威夷报到，他就批判米奇·库普切克的言论做出道歉，但这并不代表着交易风波就此平息，他与湖人队管理层只是保持着表面的和谐。

正当外界认为交易事件即将告一段落时，杰里·巴斯突然表态：科比·布莱恩特可以被交易，只要报价合适。

这是湖人队老板第一次就科比逼宫事件公开表态。

"科比并不是不能被交易，其他球队也会继续报价，尤其是在 2 月的交易截止期前，如果湖人队战绩不好，其他球队肯定会继续询价，我不会对这些不闻不问。这就是 NBA 的一部分，如果其他球队正好有对现状不满且适合湖人队的球员，我们为什么不考虑？这是一个没有多少忠诚可言的联盟，说到底就是一笔生意，这一点我与科比的观点一致。"

虽然巴斯放话继续推销，但一个暑假都没能搞定的交易，随着新赛季的临近，火线成交的可能性变得越来越低。另一方面，湖人队也已经做好了科比留队的准备。这次，科比与湖人队管理层又重新从喧闹的交易市场回到现实，面对 2007-2008 赛季，将何去何从？

2007 年 10 月 30 日，"紫金军团"的新赛季揭幕战是主场对阵休斯敦火箭队。由于整个休赛期的逼宫闹剧，湖人队球迷对科比·布莱恩特并没有丝毫的客气，他的赛季第一战竟然是在主场球迷的嘘声中打响的，面对"MM 组合"领军的火箭队，拉马尔·奥多姆缺阵的湖人队打得非常吃力——没了奥多姆，科比打得更加狂暴，全场疯狂出手 32 次并制造了 27 次罚球机会，总共砍下 45 分、8 个篮板、4 次助攻、4 次抢断、1 个盖帽，但昨日再现：队友中仅有德里克·费舍尔得分上双，湖人队最终以 93 ：95 憾负——最后的 1 分 32 秒内得到 9 分，从相差 10 分追至 13.9 秒时的 92 ：92，几乎翻盘。尽管输掉了比赛，但"黑曼巴"用实际行动向全场的洛杉矶球迷证明：

科比·布莱恩特并没有抛弃洛杉矶湖人队，只要他上场，就依然是令人胆寒的"黑曼巴"。

12 月的比赛全部结束，湖人队是 9 胜 7 负，中间也有过 4 连胜，看起来与过去两个赛季的开局并没有什么不同。但这次湖人队才真正是波浪下有潜流，交易运作有条不紊地展开，11 月 20 日，他们与奥兰多魔术队达成交易，用布莱恩·库克和莫里斯·埃文斯换来强力小前锋特雷沃·阿里扎，这位被誉为缩小版的"T-Mac"和"老鱼"，在球场上兢兢业业，善于断球和空位投三分球，也是日后总冠军的重要拼图。

不知不觉间，2008-2009 赛季的首发五虎此时已有了 5 位：1 号位是德里克·费舍尔，2 号位是科比·布莱恩特，3 号位是特雷沃·阿里扎，4 号位是拉马尔·奥多姆。欠缺的只是中锋，2007-2008 赛季的安德鲁·拜纳姆每场 13.1 分、10.2 个篮板，人称"小鲨鱼"，但稳定性不够，有时还情绪化。

至于替补位置，1 号位的乔丹·法马尔，2 号位的萨沙·武贾西奇、香侬·布朗和孙悦，3 号位的卢克·沃顿、弗拉迪米尔·拉德曼诺维奇，5 号位的 D.J. 姆本伽、克里斯·米姆，就差保罗·加索尔。

阿里扎的到来给湖人队加入了久违了的润滑剂，3 个赛季以来，科比第一次能从侧翼位置得到支援，而拜纳姆也在慢慢地兑现潜力，湖人队战车开始隆隆启动，进入 12 月后突然发力，单月取得了 10 胜 4 负的佳绩。**而在 12 月 13 日洛杉矶湖人队对阵纽约尼克斯队的比赛中，他更是以 29 岁 122 天的年龄成了 NBA 史上最年轻的 20000 分先生。**

1 月开局就打出了一波 7 连胜，一度以 26 胜 11 负冲到西部第一。但糟糕的是拜纳姆重伤，提前宣布了赛季报销。本来，2006-2007 年的季中交易窗口，科比曾经向管理层提议引进贾森·基德，但当时新泽西篮网队要求湖人队交出安德鲁·拜纳姆，库普切克因此否决了交易。科比就这桩交易方案再次与库普切克发生了激烈交锋，在科比看来，能与大师级组织后卫基德搭档是再好不过了，并且，当时的拜纳姆并没有展示出足够的战力，场均不过 7.8 分、5.9 个篮板。然而库普切克坚决反对，他认为拜纳姆 5 年内一定会成为巨星。库普切克的表态激怒了科比，因为科比已经 29 岁，巅峰期没剩多少年了，他又怎会为了当时看起来虚无缥缈的潜力去等待呢。科比的想法与湖人队的建队理念背道而驰，离队的种子正在不断萌发……现在，终于等到"小鲨鱼"发挥作用的时候了，却赛季报销！

之后的湖人队继续稳步前进，以 9 胜 5 负收尾。不过，就算是这时候，联盟中也并没有多少人察觉到湖人队的存在感，在不少人看来，这也许只是"紫金军团"的回光返照罢了——在过去的三个赛季，尤其是"大鲨鱼"离开后，大家都已经将洛杉矶湖人队定义为一支常规赛球队，科比·布莱恩特也只是一名常规赛球员。这时候，东部联盟的波士顿凯尔特人队正在大杀四方，谁都没想到湖人队憋的大招终于就要出手了。

2008年2月1日，湖人队非常突然地宣布与孟菲斯灰熊队达成交易。

用夸梅·布朗、贾维斯·克里坦顿、阿隆·麦基，还有在欧洲打球根本就没来NBA赛场的马克·加索尔以及1个2008年的首轮选秀权、1个2010年的首轮选秀权换得保罗·加索尔外加1个2010年的次轮选秀权。

一夜之间，"天使城"完成了重建程序，科比终于等到了自沙奎尔·奥尼尔之后最强有力的队友——与"大鲨鱼"不同，这位强有力的队友始终与科比心心相印。从账面看，不管是圈内还是圈外，对这笔交易的定性都是"打劫"，都是"阴谋论"，甚至呼吁大卫·斯特恩应该出面干预乃至直接否定——灰熊队核心保罗·加索尔简直是白白送给湖人队了！

如此这般的怀疑乃至愤怒是有原因的，湖人队确实是几乎毫无代价地从灰熊队抢到了保罗·加索尔：夸梅·布朗、贾维·克里坦顿、阿隆·麦基这三名球员在湖人队根本就上不了场，此后，他们陆续从NBA消失正是明证；1个2008年的首轮选秀权、1个2010年的首轮选秀权，被湖人队交易得来保罗·加索尔，他们的选择权同样是废柴啊，这从日后的选秀也能知道；也许有人会拿马克·加索尔说事，但是，这时候的马克·加索尔，一位48顺位的新秀，甚至比孙悦的顺位还要低，连一场NBA比赛都没打过，多么陌生的名字啊，直到此时大众球迷们才知道保罗·加索尔有一个兄弟也是打篮球的——谁又能未卜先知而料到他今日的实力？

不过，这桩交易也是合情合理，在逻辑范围之内。

在被交易之前，尽管保罗·加索尔场均18.9分、8.8个篮板、3次助攻、1.4个盖帽，是联盟输出最稳定的内线之一，但是与科比一样，他也是非常受伤的男人：2001年自掏165万美元的毁约赔偿金登陆NBA并成为2001–2002赛季的"最佳新秀"，2003–2004赛季便率领这支超级烂队历史上首次打进季后赛，但从此连续三季都止步于季后赛首轮，2006-2007赛季无缘季后赛，此时，已经传出他在此地不愉快的声音。而在2007-2008赛季开始后，又被打回到超级烂队的本色，在他被交易之前最长连胜是两场，有且只有1次；倒是另有1次6连败、2次5连败，总战绩是13胜32负，看起来毫无生气，赛程才刚刚过半就基本告别季后赛了。

一个细节值得关注：1月13日，灰熊队客场对阵洛杉矶湖人队，保罗·加索尔砍下21分、18个篮板、8次助攻、4个盖帽。也许就在这场比赛结束后，湖人队才下定决心把他搞到手。事后，这场比赛也被视为"验货之战"。

不得不说，那时候，洛杉矶湖人队和孟菲斯灰熊队双方都对这笔交易的保密工作做得极其到位。"外界一直在保持安静真是太神奇了，我们做到了完全保密。我们当时感觉到，如果走漏风声的话，其他球队就会给灰熊队打电话，我们的交易就会胎死腹中。我之前见过类似的事件，如果真的这样的话，我会非常沮丧。"米奇·库普切克解释说。

据事后透露，就在交易前夜，双方还进行了最后的磋商，第2天才终于敲定了交易方案，湖人队总经理马上致电保罗·加索尔。"他当时很震惊，尽管他知道灰熊队有交易他的打算，但他依然非常惊讶。这笔交易进行得如此秘密，就连保罗·加索尔都感到吃惊。如果你今天去问他，这绝对是他这辈子发生过的最美妙的事情，但当时就是一团乱麻，他都不知道自己该如何去新的环境打球。"库普切克还记得当时的场景。

从"猫王"的故乡交易到娱乐之都好莱坞，对保罗·加索尔来说的确是一个不小的转变，至少，在当时的他看来湖人队还只是一个比较模糊的概念；而在此之前，他也从未搭档过超级巨星，他能够成为蝙蝠侠身边的罗宾吗？毕竟，纸面上的分析并不能作数。

值得一提的是，那时候，"湖人队教父"已经从孟菲斯灰熊队篮球运营部总监的位置离职，所以外界也无从指责什么。但他究竟是否对这桩交易起到了推动作用不得而知，照目前的估计，只能是历史悬案了。在灰熊队接任杰里·韦斯特职务的是克里斯·华莱士，这位在 NBA 圈子里摸爬滚打多年的职业经理人，有人甚至认为他是韦斯特安插在灰熊队的代理人，更是湖人队的"卧底"，这才催生了保罗·加索尔的交易。如前文所说，一切已经成为历史，真正的内幕只有当事人最清楚。

这笔惊天大交易给 NBA 联盟带来了大地震，"紫金军团"的竞争对手们都提出抗议，首先挑起事端的，是德高望重的格雷格·波波维奇，他对此大发雷霆，因为他无法理解为何湖人队用了几位龙套球员就能换来一位货真价实的全明星球员。保罗·加索尔联手科比·布莱恩特很可能会让西部联盟大变天。事实证明，波波维奇的担心完全正确，在之后的几个赛季里，湖人队一直牢牢压制着圣安东尼奥马刺队。

在相隔半年内，NBA 最大的冤家仇敌——波士顿凯尔特人队和洛杉矶湖人队全都完成了足以改变联盟版图的大交易，所不同的是，两支球队所付出的代价天差地别，"绿衫军"为了得到凯文·加内特，把囤积数年的青年才俊与选秀权都拱手送给明尼苏达森林狼队，而"紫金军团"得到保罗·加索尔的代价在当时看来完全可以忽略不计，甚至正好清理阵容。

媒体和球迷都一致认为：凯尔特人队的交易是老将暮年的悲壮抱团，情怀满满，湖人队却是赤裸裸的打劫，把群众当傻瓜，人神共愤。

是的，为什么孟菲斯灰熊队要急于在 2007–2008 赛季中期为洛杉矶湖人队送温暖？ 当时，*ESPN* 给了这么一个大标题：《灰熊队到底在想什么？》，对此，克里斯·华莱士给出了自己的解释："我们和很多球队都做过交易，但没有哪个交易比这更好。我们得到了夸梅·布朗的到期合同、克里坦顿这样的球员，还有两个首轮选秀权和马克·加索尔，如果在今年选秀的话，马克也许就是一位高顺位新秀，再加上我们自己手上原有的，这样，我们就有了 4 个首轮签。"这些解释在当时看来是鬼话连篇，不过，之后事实证明了这的确是一笔双赢的交易，而不是送温暖：孟菲斯灰熊队得到再次建队的基石球员——马克·加索尔，并且围绕着那些高位选秀权进行了一系列运作，终于成为西部联盟一支不可被忽视的力量。

随着马克·加索尔的日渐强盛，中国球迷也对这对兄弟分别冠以"大加索尔"和"小加索尔"的名号。

"老实说，我在之前从未见识过这样的交易。"

菲尔·杰克逊笑得合不拢嘴，但也客观承认自己的球队捡了大便宜。

"对于球队来说，这是一次伟大的交易，无异于一针强心剂，让我们更加团结一致。球队已经拥有了板凳深度，现在又有了高度，现在我们阵中有不少能打多个位置的球员，到了该大踏步前进的时候了。"

科比·布莱恩特难掩兴奋之情。

"面对现在所发生的一切，我必须要向米奇·库普切克和杰里·巴斯脱帽致敬，现在球队的好坏就完全取决于我们的努力了。"科比说道，之前的不快已经完全烟消云散，湖人队管理层在科比眼中又成了最可爱的人。

回头看，科比对大加索尔的接受程度可以说明显超过预期，其中又有着多方面的因素。首先就是性格，大加索尔个性温和，与科比的霸气外漏形成互补——他没有任何争权夺位的想法，安心扮演湖人队的"二当家"。其次，大加索尔与科比在场下也有着许多共同的兴趣与爱好，比如说都喜欢足球，都是巴塞罗那的球迷。再次，大加索尔是西班牙人，而科比从小在意大利长大，二人都有着欧洲背景，这让他们不管是在场内还是场外都能默契十足，促成完美的化学反应。

"他非常高兴看到我加盟湖人队，尤其是我的技术特点、篮球智商以及我准备比赛的方式。对于这支湖人队来说，我们是绝配。科比很聪明、睿智，读过很多书，他可以谈论任何事情，这和他的教育背景以及个人经历有着很大的关系。"大加索尔说道。

可以这么说，正是科比·布莱恩特的逼宫风波最终促成了洛杉矶湖人队与孟菲斯灰熊队的惊天交易，他们都是这场风波的最后胜利者。

但正所谓"有人欢喜有人愁"，芝加哥公牛队则成了交易风波的最大受害者，可谓"赔了夫人又折兵"。早在 2007–2008 赛季开打前，公牛队已经连续 3 个赛季的胜率都能保持 50% 以上，年年杀入季后赛，但由于整个暑假持续受到科比交易流言的干扰，那些深陷流言的球员们难以全身心地投入备战，因为谁也不知道自己第 2 天是否就要改换门庭，因此，整个季前赛的备战一塌糊涂。结果是在新赛季开始的前 25 场比赛公牛队只有 9 胜 16 负，颓势尽显，公牛队不得已炒掉主帅斯科特·斯凯尔斯，但依然止不住下滑的脚步，赛季结束，公牛队取得了 33 胜 49 负的战绩，无缘季后赛，这让他们悔不当初。

不过，正所谓"祸兮福之所倚，福兮祸之所伏"，2008 年夏天，一来成绩差，二来运气好，公牛队以全联盟第九的名次一把抽得头号签，得到德里克·罗斯，加速复兴。不过，在 2009 年科比依然对当年的逼宫风波道了歉，他承认当时的行为是一个错误，对诸多的无辜者造成了影响。

"我必须向大家道歉的只有那件事情，我非常自私地以自我为中心来要挟球队。2004 年我续约之后、希望球队继续补强实力去争夺总冠军，之后的几年球队没有做到，这一度让我有了离队的想法，我觉得他们不愿意为总冠军而掏钱包。当一切无法流畅运转的时候，我觉得必须开口去改变现状，当人们开始议论此事时，洛杉矶变得浮躁与恐慌。不过球队最终做出了正确的决定。他们终于做了正确的事情。"

不过，在谈及 2007 年的逼宫风波时也有人表示支持，比如说当时的队友、现在的国王队主教练卢克·沃顿："科比认为那是他应该做的，我们没有人认为这是背叛，更衣室里的气氛没变，科比依然是我们支持的那个家伙。当时他觉得离开也许是更好的选择，但最后的结果不错，当他重新归队之后，我们的关系也没有破裂。"

大加索尔加盟湖人队意味着科比逼宫风波的终结，这场风波从开始到彻底终结持续了长达 8 个月。不管事后人们如何看待，都已经成了后视镜里的风景。最重要的是科比与湖人队再度重装上阵，3 年阴霾，一扫而空，"黑曼巴"又将回到季后赛的中心舞台，大戏即将上演……

第三章

破晓前
的黑暗

2008.2.1 – 2008.6.17

正如哲理所言：事物的发展是曲折的、反复的、螺旋状向前的，不要以为得到了保罗·加索尔湖人队就解决了全部的问题，事实上，更大的挫折还没有到来呢。2007–2008赛季总决赛的第6场湖人队狂输39分并且被淘汰，创下耻辱性的数据纪录，但这并不重要，重要的是接下来科比将往何处去。

🏆 聊聊波士顿

现在必须说说波士顿以及他们的 NBA 球队凯尔特人队了。

正所谓"有一说一，有二说二"，我不喜欢波士顿，起码，我不适应这座城市。

作为马萨诸塞州首府和最大城市、新英格兰地区的最大城市、全美受教育程度最高的城市，波士顿位于美国东北部，大西洋沿岸，同时也是美国最古老、最有文化价值的城市之一，"波士顿倾茶事件"最终引发了美国独立战争。这座城市的著名景点自由之路，更是美国精神的代表。但我不适应这座城市的原因是：波士顿太小了。

小，本不应该算是坏事——城市小还能节省交通费呢。不过，这座城市的小是广义的，就是一切东西都小得可怜。随便举例，地铁里的自动扶梯只有站一个人的宽度——一般的扶梯都是两个人的宽度，不着急的人站右边，留出左边的通道让着急的人先走。波士顿可好，无论你着急不着急，都只能单排。

当然，如果这座城市的小只体现在地铁的自动扶梯也就算了。波士顿的地铁就像北京的地铁一样拥挤，上下班时更是人挤人、脸贴脸。但那是北京，这里是波士顿，人口数量差着几十倍，地铁拥挤程度却一样，这说明了什么？

此外，波士顿购物太贵，平均物价比我长年居住的洛杉矶还要高。但洛杉矶是世界娱乐业中心、美国最大的城市之一，而波士顿只是一座极其普通的、小得可怜的城市，物价居然比洛杉矶还要高。也许，这就是为什么当 NBA 总决赛打到洛杉矶的时候媒体餐都能免费，而打到波士顿的 TD 北岸花园球馆却仍然要花钱而且是吃那些难以下咽的饭菜。2009-2010 赛季总决赛的最终赢家是洛杉矶湖人队，这是后话，还要详说，这里我就以前来采访的亲身经历说说凯尔特人队主场球馆的媒体餐吧。是的，有热菜两道：一道烤鸡，一道炸猪排。而这两道热菜都没有任何味道，我旁边一位中国的媒体同行边吃边说像在嚼馒头，而那猪排还透着红色，一股腥味让我吃了一口就全部倒掉。

更让人受不了的是，就这样的饭菜居然还要排上将近半小时的队才吃得上。为什么？还是那个字，小呀！TD北岸花园球馆，名字听着大气，进去一看，小得可怜。

更恐怖的是，6月本是夏季，波士顿居然还来一个寒气逼人。我在波士顿采访的这5天里，4天阴，1天雨。实在难以想象这里的人在冬天是如何存活的。一个常年住在波士顿的朋友跟我说："你就知足吧，冬天我们每天都要把车从雪里挖出来，那才叫痛苦呢……"

不过，身为当年洛杉矶湖人队跟队记者，我还是喜欢雷·阿伦，所以我喜欢波士顿凯尔特人队。此外，我也很喜欢比赛开始前球员出场介绍的时候，凯文·加内特在大屏幕里那一声怒吼的阵势。但我对这里的好感，仅此而已。比赛结束，出球馆了，我就开始继续讨厌这座城市，甚至是居住在这里的人。由于波士顿的居民有太多的欧洲裔美国人，甚至凯尔特人队的队名也是从欧洲传过来的现成名词，所以，这里的人带着那种古板教条的劲头。有一次我坐晚班地铁，在车厢里等了40分钟居然还不开车，我想小便，实在憋不住了，就跑出车厢去找厕所，结果被告知地铁里一律没有厕所，这太荒谬了。

狂奔到马路找到厕所后，当我要重新进地铁站时却被一个工作人员叫住："现在地铁都已经走了，你下去干吗呢？"

我告诉他，我坐的那辆车因为不知道的一些原因还在那停着，所以我必须马上赶回去。

答："不可能，现在已经过了末班车时间。"

我急了："你要不信你就跟过来吧。"

说完，我头也不回就往下跑。跑了一阵子，一回头，这哥们儿还真拎着包跑在我后面，直到看见真有一辆地铁在那儿停着的时候才摇着头嘟囔道："哎？奇了怪了……"

这就是波士顿。但那时候，我确实有点喜欢雷·阿伦、凯文·加内特以及他俩刚刚加盟的波士顿凯尔特人队。那时候是 2009-2010 赛季，科比·布莱恩特率领洛杉矶湖人队最终复仇。现在要将时间拉回到 2007-2008 赛季，"绿衫军"在总决赛中痛扁"紫金军团"的时候，主教练是现在的费城 76 人队主教练多克·里弗斯，除了我喜欢的那两位，他手下还有保罗·皮尔斯，不好意思，也许是因为他在这座城市待的时间太久，被我误认为是"波士顿居民"了，所以并没有体现出对前两位的崇拜。

前面已经说过了波士顿的"三巨头"是如何组建的，但组建之外，一来这是新模式，之前没见过，担心化学反应；二来毕竟是把潜力球员全送走了，替补弱，所以也没多少人预料他们会当季夺冠。但大家都忘了，里弗斯在奥兰多夺得年度最佳教练时，手中可用的全是上赛季的替补，领袖是上赛季的第六人，所以，根本不用为他着急。果不其然，拉简·隆多成了"第四巨头"，肯德里克·帕金斯成了稳定的首发中锋，托尼·阿伦成了稳定的第六人，其他位置，采取帕特·莱利搞定"大鲨鱼"之后的相同模式，启用夺冠心切的老将詹姆斯·波西、萨姆·卡塞尔、埃迪·豪斯、P.J. 布朗、斯科特·波拉德，开季便是 8 连胜，然后又是 3 连胜、9 连胜、9 连胜，直到 2008 年 1 月 14 日才首次连败，势如破竹，总冠军在望。

也是从波士顿组建"三巨头"开始，NBA 联盟进入了巨星抱团的时代：如果你没有"三巨头"这样的奢侈配置，那么最起码也要有"双核"打底。回首 2007-2008 赛季，克利夫兰骑士队是勒布朗·詹姆斯一个人的球队，他扛着骑士队在东部联盟与凯尔特人队搏命，几乎没有任何胜算。而在西部联盟，前半个赛季，科比·布莱恩特也几乎是孤军奋战，直到引进保罗·加索尔，组成了"双核"，这才有了与强敌们掰手腕的本钱。

NBA联盟进入了巨星抱团的时代。

🏆 天衣无缝

2008 年 2 月 1 日，也就是在湖人队宣布大加索尔加盟的第一天，湖人队连续第 9 个客场的第 2 场，对手是多伦多猛龙队，比赛开始时消息才宣布了几小时，大加索尔自然无法登场，但身为"单核"的科比·布莱恩特全场 28 投 19 中，其中三分球是 8 投 4 中、罚球 4 中 4，非常高效地轰下 46 分、7 个篮板、5 次助攻，以 121：101 轻取对手的同时，他也是在用一种特别的方式来迎接新的"二当家的"。而在赛后，"黑曼巴"的表态相当霸气："我们都理解到这场比赛我们必须拿下，所以我们在比赛中能量十足。这就是说，我们每个人都因为摆在眼前的机会而有些兴奋。"

接下来，湖人队又在客场赢了华盛顿奇才队。2 月 5 日，湖人队连续第 4 个客场，对手是新泽西篮网队，大加索尔在东卢瑟福特迎来了他加盟"紫金军团"的处子秀。本场比赛，科比打出了赛季最糟糕的一场，全场打了 40 分钟，但 13 投 3 中只得到了 6 分；但大加索尔可是出尽了风头，他全场 15 投 10 中而砍下 24 分、12 个篮板、4 次助攻，其中 12 个篮板中有 6 个是进攻篮板——几乎是不能再完美的首秀了。湖人队以 105：90 轻松带走胜利。尽管科比的数据烂到家，但他的内心畅快得很，因为通过这场比赛有件事是确定了的：

保罗·加索尔，就是科比·布莱恩特一直在等待的人。

"他打得非常棒。"对新队友，科比就一句话。对于自己的数据，科比则反复解释了进攻篮球的风格，比如挡拆什么的，意思是自己有很多的精力耗在防守上，至于进攻，没问题。而其他几名球员的表现，则是日后的湖人队两连冠的缩影："老鱼"利用对方重点照顾科比和大加索尔的机会斜刺杀出，拿下 28 分，为全队之最——日后他经常在危难之际斜刺杀出，再次成为"天使城"的关键先生；拉马尔·奥多姆 14分 15 个篮板 4 次助攻——日后他总是攻防两端最全面的人，无论是打首发还是打第六人，而且总是在没人抢篮板的时候全力拼命抢篮板；卢克·沃顿、乔丹·法马尔、萨沙·武贾西奇这三位湖人队挑中的新秀合计是 47 分钟，总共贡献 13 分、5 个篮板、5 次助攻——日后他们总是以弱者的姿势合成一股强大的力量，共同对付敌人。

2 月 6 日，背靠背，也是连续第 5 个客场，对手是亚特兰大老鹰队，也许科比和大加索尔都明显累了，表现不佳，分别是 12 分 7 个篮板 3次助攻、11 分 1 个篮板 10 次助攻；也许是科比调整打法，试图给队友多传球，总之，输了。

之后，一发而不可收，2 月 8 日到 28 日，连续 9 个客场的后 4 场，接着又是连续 3 个客场，其中，还包括再次的客场背靠背，湖人队居然打出了久违了的 10 连胜！——科比·布莱恩特与保罗·加索尔的搭档天衣无缝。

🏆 《科比门徒》

我的人生志向之一是要走遍美国的所有城市。我在驻美采访的第二个赛季，曾经在大冬天只身一人开车游走在密歇根湖周围的几座城市之间，跟队采访，先后去了印第安纳波利斯、底特律、芝加哥、克利夫兰，这些城市以及与NBA有关的人与物，前面都写过。我唯独没去密尔沃基，因为当时的雄鹿队人气和球市都很差。

对于我非常幸运的一件事情是，"紫金军团"又是夺冠大热门了，几乎与保罗·加索尔的加盟同步，我与几十个精挑细选的中学生球员一起从北京出发，第一站便是密尔沃基。有这样的机会，只是因为我与科比·布莱恩特、洛杉矶湖人队的特殊关系而担任耐克出品的《科比门徒》的解说与球探。

《泰坦尼克号》里的杰克有一句台词，说的是他小时候在威斯康星州的冰上钓鱼时，对刺骨的寒冷记忆犹新。我看电影的时候还小，当时，就因为觉得威斯康星州的名字读起来很特别，所以记住了这句台词。当真正来到威斯康星州的密尔沃基时，我对杰克这句话有了切身的体会，一个字：冷。

出了机场，刺骨的寒风顿时扑面而来。虽然每个人都裹得严严实实，但仍然觉得寒风能从任何缝隙钻进身体。几乎所有人都马上用手揪住领口，争先恐后地钻进机场外的大巴。来密尔沃基的原因很简单，主办方答应这些被选中的小球员到现场看1场NBA比赛，而他们最终选择的比赛就是密尔沃基雄鹿队主场打纽约尼克斯队——因为当时易建联还在这支球队。

雄鹿队主场布拉德利中心就在市中心，由于距离我们住的酒店只有不到10分钟的路程，主办方决定带大家步行。事后我与小球员聊天，大家都觉得过于寒冷，这10分钟的步行几乎成了所有人对密尔沃基最深的印象。

当时的雄鹿队不但战绩惨淡，而且人气也不旺，不过，当天与尼克斯队的比赛球场却几乎满座。雄鹿队不出意外地从头输到尾，唯一令我印象深刻的是，身披尼克斯队战袍的大卫·李在进攻端几乎无所不能，所以日后追随金州勇士队拿到总冠军也不足为奇了。

球场里零星可见的中国留学生举着为易建联加油的中文横幅，而我带的这些第一次到现场观看 NBA 比赛的小球员也非常兴奋。但是事后再问，多数人记住的依然只是密尔沃基的寒冷。

回到酒店与当地人聊天，得知这座名不见经传的小城市竟然是美国几大啤酒制造商的大本营。其中著名的 Miller Light 口味非常清淡，特别适合我这种酒量不行却喜欢喝上两口的人。在密尔沃基开车，随处可见啤酒厂，很难想象如此多的啤酒制造商竟然都发源于这座冰天雪地的小城市。

《科比门徒》摄制组的下一站是芝加哥，开车两小时就到，但芝加哥的中国城就差不多与密尔沃基市中心一样大。

这也算是插曲吧，正好实地探查易建联。

🏆 唯一的 MVP

"紫金战车"非常完美地度过了磨合期，没有任何化学反应的阻碍，保罗·加索尔与科比、湖人队其他队友们之间实现了无缝衔接，这很容易令人联想到东部联盟的"绿衫军"。刚刚说过，"雷·阿伦＋凯文·加内特＋保罗·皮尔斯"组建的时候都已经是三十一二岁的老将，考虑到他们的年龄，不少人并不觉得他们第一赛季能打出多么好的成绩，但一切都超出预期，常规赛结束，凯尔特人队以 66 胜 16 负的战绩高居联盟榜首，胜率为 80.5%。

洛杉矶湖人队则以 57 胜 25 负居西部联盟第一、全联盟第三，排在他们前面的是底特律活塞队，59 胜 23 负。对湖人队而言，这样的大形势至少有两个好处：一是在总决赛之前，东部联盟的活塞队势必会对凯尔特人队造成大麻烦，而且当时是东强西弱，给凯尔特人队制造麻烦的球队不少；而单论湖人队，尽管胜率只有 69.5%，但自从大加索尔到来后却是 29 胜 9 负，胜率高达 76.5%，与凯尔特人队的差距并没有那么大，只是稍稍逊色而已。

随着季后赛的临近，全球都在呼唤总决赛的场景：波士顿凯尔特人队对阵洛杉矶湖人队。如此激情而美好的历史回忆，太久远了。

也许在科比·布莱恩特与"波士顿三巨头"的心中，这样的期盼也都是由来已久吧。

季后赛首轮对阵的是丹佛掘金队，这时候高原球队有"黑曼巴"的老对手阿伦·艾弗森。不过，与 2000—2001 赛季总决赛的对话相比没什么意思，甚至是大倒退：一是"答案"已经是球队的 2 号人物，辅佐卡梅隆·安东尼，但结果却是两大巨星依然是两大巨星，中间缺少连线；二是这支球队没有了内线，也没有了第 3 号人物，肯扬·马丁和马库斯·坎比都在下坡，J.R. 史密斯还是愣头青。

结果没什么两样，过程就简单得多了——2：0。

首战大加索尔就轰下了"36+16+8"的超豪华数据，次战则是科比的49分、10次助攻，很快让湖人队取得了2：0的领先优势，之后的两场比赛是例行公事，科比分别是21分、7个篮板、8次助攻；31分、6个篮板、7次助攻，大加索尔分别是14分、3个篮板、5次助攻、3个盖帽；21分、7个篮板、4次助攻、4个盖帽。

这时候，语言是多余的，就总结一下这支球队的打球模式吧：

（1）当科比略有低迷的时候大加索尔就高涨；

（2）当大加索尔低迷的时候科比就高涨；

（3）当二人都略有低迷的时候，总会有"老鱼"、拉马尔·奥多姆以及其他的队友们顶上来；

（4）他们的防守不错。

西部半决赛对阵犹他爵士队，头两个主场都赢得丝毫不费力气，均以双位数的优势轻松拿下，这也是他们季后赛的6连胜。科比依然势不可当，两场比赛分别拿到"38+6+7"和"34+8+6"，看起来，爵士队对"黑曼巴"束手无策。

2007–2008赛季对于科比·布莱恩特的NBA生涯具有非常特殊的意义，因为这是他第2次飞跃的起点。就在西部半决赛激战正酣的时候，湖人队对爵士队取得2：0领先优势的时候，科比收获了生涯第一个也是唯一的MVP。 不过，2007–2008赛季的MVP争议颇多，可以算是近10年以来最受争议的一次。科比最终以1100分当选MVP，但领先优势并不大，排名第二的克里斯·保罗894分，第三是凯文·加内特的670分。与科比相比，保罗整个赛季都是单核带队，最终率领新奥尔良黄蜂队排名西部第二，胜场与湖人队仅相差1场，其场均数据也达到了21.1分、4.0个篮板、11.6次助攻、2.7次抢断；而科比场均数据是28.3分、6.3个篮板、5.4次助攻、1.8次抢断。比战绩和数据，保罗与科比都在伯仲之间，而保罗带队的难度显然要大得多，一种说法认为：

2007-2008 赛季，科比"偷走了"保罗的 MVP。

"真是一段漫长的旅途，我 17 岁就来到湖人队，现在快 30 岁了，我是一个老家伙了。我很骄傲能够代表湖人队，代表这座城市拿到 MVP 奖杯。这里是好莱坞，这是电影剧本，最完美的剧情莫过于再拿到总冠军。"

"我不知道谁比科比更有资格拿到这个奖杯，我没有看到其他任何人比科比在篮球上投入得更多。"

菲尔·杰克逊总是力挺自己的弟子，前提是，你得是他的弟子，否则就如斯科蒂·皮蓬在波特兰被一巴掌拍死。而科比·布莱恩特也借此成为湖人队队史第 4 位拿到 MVP 的球员，之前的三位分别是沙奎尔·奥尼尔、"魔术师"和卡里姆·阿卜杜勒-贾巴尔。科比与卡尔·马龙一样，都是在职业生涯第 12 个赛季才拿到 MVP 的——12 年的等待时间，可是联盟历史上最长的。

在随后公布的各大奖项的评选中，科比也都成了胜利者，他与凯文·加内特、克里斯·保罗、德怀特·霍华德、勒布朗·詹姆斯一起入选了最佳阵容第一队。此外，他也入选了最佳防守阵容第一队。**看常规赛，科比无疑是最大赢家，除了得分王，MVP、最佳阵容第一队、最佳防守阵容第一队，几乎所有能拿的奖项都收归自己手中。**

不过，对于"黑曼巴"来说常规赛只是开胃小菜，季后赛的胜利才是他最渴望的。而西部半决赛的对手犹他爵士队并非滥竽充数之辈，在"犹他双煞"之后他们又拥有了巅峰期的德隆·威廉姆斯、卡洛斯·布泽尔以及安德烈·基里连科和梅米特·奥库，很快，他们在接下来的比赛中利用主场优势连下两城，扳平总比分。不过，这支球队始终无法有效限制科比，湖人队回到斯台普斯中心攻下天王山之战，再在客场将被逼到悬崖从而背上巨大心理包袱的对手直接解决，系列赛终结，比分定格在 4 ：2。科比六场比赛分别得到 38 分、34 分、33 分、26 分、34 分、34 分，相当稳定；场均则是 33.2 分、7.0 个篮板、7.2 次助攻，相当全面。大加索尔则是 18.5 分、4.2 个篮板、3.0 次助攻、3.3 个盖帽，且命中率高达 56.0%。看起来，一切都在计划中。

西部决赛遭遇老对手圣安东尼奥马刺队，这时候，两队的实力对比早已发生了微妙变化。马刺队陷入了进攻无力的窘境，首场比赛只是以 4 分的差距小负，然而，次战却以 71 ：101 惨败 30 分——在那个防守还相当重要的时代，任何一对势均力敌的对手在系列赛中交锋都不会出现这样的分差，事实上，这已经为西部决赛的胜负定调了。最终走势就如同之前的比赛一样一边倒，湖人队以 4 ：1 的总比分轻松晋级。科比五场比赛分别得到 27 分、22 分、30 分、28 分、39 分，略有下降但继续稳定；场均则是 29.2 分、5.6 个篮板、3.8 次助攻，同样是略有下降但继续全面。大加索尔则是 13.2 分、9.6 个篮板、3.6 次助攻、1.6 个盖帽，命中率下降到 44.6%，精力明显转移到防守端了，而且对手是蒂姆·邓肯，虽然命中率不如以前，可依然是 30 分 18 个篮板、12 分 16 个篮板、22 分 21 个篮板、29 分 17 个篮板、19 分 15 个篮板 10 次助攻。大加索尔容易吗？好在四手容易对付双拳，老将一大群却没一人能真正帮助"GDP 组合"，只好目送洛杉矶进总决赛。

这是科比·布莱恩特职业生涯第 5 次杀入总决赛，也是自与沙奎尔·奥尼尔分手后的第一次，这次，他能证明自我吗？

与湖人队在西部联盟的顺风顺水相比，凯尔特人队东部联盟的征程可谓步履维艰。"绿衫军"在 2007-2008 赛季总是在颠覆人们的预期，当所有人都不看好他们的时候，他们酣畅淋漓地拿下了常规赛冠军；而当人们预期他们将在季后赛中大杀四方，至少在东部联盟一马平川的时候，然而走势又令人大跌眼镜……

首轮对阵的是乔·约翰逊领军、艾尔·霍福德在旁协助的亚特兰大老鹰队，联盟老大对东部第八，怎么看都是一边倒的狂虐了！可"绿衫军"突然在客场不会打球了，死活攻克不下飞利浦球馆，前六场战成

3 ： 3，凭借着最后一场的主场优势，凯尔特人队才以 4 ： 3 艰难过关，好歹没有闹出被"黑八"的惨剧。

与首轮一样，凯尔特人队在东部半决赛围剿詹姆斯的队伍也是如履薄冰，前六场比赛照样是 3 ： 3，最终，抢七战成了保罗·皮尔斯与勒布朗·詹姆斯的巅峰对决，詹姆斯砍下 45 分，"真理"也不遑多让，攻下 41 分，凯尔特人队以 97 ： 92 惊险胜出，这才颤颤巍巍晋级东部决赛。

在经过连续两轮抢七战的考验后，凯尔特人队这才热身完毕，但东部决赛还是不容易，战至 4 ： 2 才得以送底特律活塞队上路。这支活塞队，已经没有了"大本"，取而代之的是安东尼奥·麦克代斯，昌西·比卢普斯、理德查·汉密尔顿、泰肖恩·普林斯、拉希德·华莱士都在老去，可他们依然让"绿衫军"难受。

自 1986-1987 赛季以来，凯尔特人队首度重返总决赛——苦等了 21 个赛季，其间，他们比湖人队承受了多得多的苦难。

而对于球迷们来说，还有什么能比"黄绿大战"更能让人肾上腺素飙升呢？

🏆 "诈伤"

湖人队的季后赛是如此顺畅，15场过后便进了总决赛，而且科比·布莱恩特、保罗·加索尔、拉马尔·奥多姆、德里克·费舍尔以及在中锋位置打首发的弗拉迪米尔·拉德曼诺维奇全是当打之年，既不稚嫩，也不年迈；凯尔特人队的季后赛是如此滞涩，前3轮就打了20场之多，等打到总决赛了，三巨头以及詹姆斯·波西、萨姆·卡塞尔、埃迪·豪斯、P.J.布明、斯科特·波拉德等老将已经是精疲力竭了吧？至于拉简·隆多，该是被打回新秀原形了吧？都这么想着，所以都不看好这支球队，基本上全世界的预测都是"绿衫军"能坚持到2：4就是吉人天相了，3：4则需要上帝保佑，夺冠的可能性也不是没有，但大约是1%吧。他们唯独的优势是主场。

好在总决赛首场在6月5日才正式打响，这对凯尔特人队是比较有利的，他们有了6天的休息，尽管湖人队是休息7天，但年迈而又疲劳的"绿衫军"更需要休息。在第3节仅剩6分49秒之前，尽管比分呈胶着状态，甚至凯尔特人队领先的时间更长，但还是基本没人看好他们，原因主要是两方面：一是他们的每次得分都那么难，而湖人队则是优雅大方；二是从起势的角度看，此时湖人队正好再次反超，62：58——从上半时快要结束的时候开始，湖人队就控制了局势，基本是领先，尽管优势不大，但趋势大好。那么，应该不会有什么意外了。这时候，戏剧性的一幕发生了：

保罗·皮尔斯受伤退场。

而且这次的受伤很是荒诞，但也在情理之中，毕竟，NBA生涯中伤及队友这种事对于肯德里克·帕金斯并不稀奇，这次他甚至是从身后撞击了波士顿的 34 号球员，后者应声倒地，扭伤了右膝盖，随后，这位在 2007 年夏天本打算要离开但转眼间又成为队魂的核心，被送往更衣室接受治疗。那么，不可能有意外了。

"很多想法从我脑海里闪过，我不能就此结束。"保罗·皮尔斯回忆说。

可接下来的情况却是意外多多，剧情连续反转。先是在"真理"离场后凯尔特人队越战越勇，雷·阿伦独取 5 分，而湖人队则是全队哑火，被对方以 63 ∶ 62 反超了。然后，则是：

保罗·皮尔斯回来了！

而且，就在雷·阿伦第一罚命中、湖人队以 63 ∶ 62 的时候，"真理"回来后，雷·阿伦接下来的第 2 罚也命中了。他的回归，瞬间令波士顿的球迷们想起了入选 50 大巨星的威利斯·里德——1969–1970 赛季总决赛抢七战，受伤的他坚持上场跳球并首开纪录拿到 2 分，尽管最终他也只有这 2 分，登场是象征性的，但大受鼓舞的纽约尼克斯队一举灭掉洛杉矶湖人队，给"紫金军团"添了一道耻辱的印记——这次又是湖人队，球迷们大喊"里德"的名字以助自己的威风，灭对方的气势。"我不是模仿他（注：威利斯·里德），我只是很高兴能回来打比赛。"皮尔斯说。这下可不得了，在第 3 节快结束的时候皮尔斯连续两次命中三分球，受他鼓舞的队友们也是神勇，在末节还剩 8 分 44 秒的时候，波西的三分球令比分变成 86 ∶ 78，奠定了首战的胜负基础。

皮尔斯诡异受伤后又诡异归来是如此神奇，乃至有人质疑他是诈伤，以分散湖人队的注意，打乱湖人队的节奏。但老实说，这样的诈伤确实有难度，没有油角摔跤或好莱坞的演技是无法完成的。所以，这只是一种坊间玩笑话而已，不可当真。

一个细节是，当皮尔斯瘸腿回来的时候，凯文·加内特激动得以标志性的动作猛击自己的胸部，一声吼："Yes！"拿下 24 分、13 个篮板、3 次助攻的他厥功至伟，因为他还将大加索尔防得只有 15 分、8 个篮板、4 次助攻进账。

此时，多数人依然不相信凯尔特人队有机会，认为是湖人队大意了而已。但很少有人注意到，科比在这场比赛中感受到了与此前西部系列赛截然不同的防守强度，为了封锁他，凯尔特人队派上了准备多时的防守专家詹姆斯·波西，动用了双人甚至是三人包夹，再加上各种小动作，骚扰不断，"黑曼巴"手感尽失，26 投 9 中，24 分显然不足以让湖人队从波士顿的地盘带走胜利，首战不得不吞下失利的苦果。

MAMBA FOREVER

🏆 天堂与地狱

次战，科比的手感有所恢复，23 投 11 中，总共得到 30 分、3 个篮板、8 次助攻，但湖人队的防守处处是漏洞，结果，尽管大加索尔的数据上升到 17 分、10 个篮板、4 次助攻，但事实是前三节他们就已经落后了 22 分之多，最终以 102 ：108 再输，总比分 0 ：2，形势岌岌可危。

不过，"紫金军团"并非没有希望，甚至是希望很大。在末节仅剩 7 分 55 秒的时候，比分是 95 ：71，湖人队落后 24 分，但此后的时间段里科比大发神威，队友们也给力，一鼓作气打出 31 ：9 的进攻狂潮，追至只剩最后的 38.4 秒时比分已经是 102 ：104，这时候，又是保罗·皮尔斯昂首挺立：先是造成"老鱼"犯规并两罚全中，后是一巴掌盖掉萨沙·武贾西奇在 24 尺处的三分球出手，牢牢将胜利抓在了自己手中。

"很高兴是我们赢了，但我们还是被上了一课。"

赛后，皮尔斯依然心有余悸，他似乎并没有受到右膝盖伤势的影响，拿下了全队最高的 28 分。而他的队友，一个名叫雷奥·鲍威的球员贡献了 21 分，他的名字也一遍遍地被球迷们欢呼。不过，他终究摆脱不了流浪人的命运，在 NBA 打了 5 个赛季便彻底消失。

在罚球线上，凯尔特人队是 38 罚 27 中，湖人队则是 10 罚 10 中——罚球机会差这么多，一般会引发争议，但科比却表示自己"并没有注意到"，他的重点是接下来的三个主场，值得乐观的是，他还在末节后半段的大追分中看到了希望。

"这里有些东西是我们能从中得到的，我们是带着绝望的感觉和侵略性打球的，这些是我们应该带回家并从中学习的。"

科比和他的湖人队还真的做到了，回到斯台普斯中心，第 3 场比赛他们就吸取了教训，明显提升了防守强度，结果，加内特 21 投只有 6 中，皮尔斯 14 投 2 中仅得 6 分，三巨头有两巨头熄火，再加上科比砍下 36 分，湖人队总算在主场将比分扳回 1：2。

第 4 战，湖人队的开局完美得不能再完美了，35：14，是他们领先，而 21 分也是 NBA 总决赛历史上第 1 节的领先纪录。第 2 节他们一度把分差扩大到了 24 分，看上去比赛要提前进入垃圾时间，可没想到的是之后的时间竟然成了湖人队的噩梦，凯尔特人队下半场绝地反击，居然在第 3 节结束时把分差缩短到 2 分。一泻千里的湖人队末节依然被凯尔特人队压制，最终以 91：97 惨遭逆转，24 分也是总决赛史上最大逆转纪录，凯尔特人队拿到系列赛的赛点。

"我们让一个如此巨大的机会从手中溜走，毫无疑问，这是一次惨痛的失利。现在还不是世界末日，在主场我们也要像他们做同样的事一样，把事情都搞定。"

1：3，湖人队已经在悬崖边了，而这时候的科比依然是乐观的。

当时的赛制是 2-3-2，接下来的第 5 战湖人队依然是主场，尽管保罗·皮尔斯打出了个人总决赛中的最好数据，36 分、6 个篮板、8 次助攻，但也敌不过湖人队的全面开花："老鱼"15 分，科比 25 分、7 个篮板、4 次助攻、5 次抢断，奥多姆 20 分、11 个篮板、4 个盖帽，大加索尔 19 分、13 个篮板、6 次助攻、2 个盖帽，首发中锋拉马曼诺维奇只有 7 分、5 个篮板，但替补席上的法马尔 11 分，最终，湖人队以 103：98 将总比分扳成 2：3。

这场比赛，湖人队最多领先过 19 分。赛后科比表示："如果在训练营开始时你们告诉我，'我们给你们两场比赛去赢得世界冠军'，那么我们一定会放在内心深处。现在可是我们的好机会。"

赛后雷·阿伦迅速离开赛场，和媒体没有任何的沟通，而据里弗斯透露，是因为他的一个孩子病情严重，他不得不比赛结束便离开斯台普斯中心。里弗斯还请求媒体尊重雷·阿伦的隐私。事后得知，是他那个名叫沃克的儿子得了糖尿病，而在比赛当晚，他东奔西跑，为孩子担忧的情况下才 13 投 5 中仅得 16 分的。

"我们很想回家，但我们不想回家打比赛了，但现在我们不得不打比赛了。"

里弗斯的话就是绕口令，但非常霸气，意思是本来是要在洛杉矶结束战斗，但现在没有结束，现在不得不在波士顿结束战斗了。果然，尽管赢了第5场，但这时候的湖人队已经是强弩之末，只是捞回了些许颜面。2008年6月17日，这是科比和大加索尔的个人史以及湖人队队史甚至是NBA总决赛史上最为耻辱的一天，在波士顿的第6战，迎接湖人队的是腥风血雨：雷·阿伦不再分心，10投8中拿下26分，与凯文·加内特并列双方球员的首位，而失去了主场之利的"紫金军团"打完第2节就基本上缴械投降了，后来多达23分——与凯尔特人队不管落后多少都有信心逆转的气势相比，这时候的湖人队心理防线早已土崩瓦解，科比也大乱阵脚，全场22投只有7中。下半时的湖人队无心恋战，他们在球场上所做的事情就是例行公事，将比赛时间消耗殆尽，最终，凯尔特人队以131：92大获全胜，最终以4：2的总比分赢得总冠军。

这是"绿衫军"队史上的第17个总冠军奖杯，本场比赛贡献17分、2个篮板、10次助攻的保罗·皮尔斯则被评为总决赛MVP。

🏆 年轻没有失败

　　整座 TD 北岸花园球馆都是绿色，都是胜利的味道，而失败者则在咀嚼失败的苦果：第 6 战以 39 分的差距惨败刷新了总决赛历史上冠军点的分差历史纪录，而更讽刺的则是，之前的历史纪录保持者也都是洛杉矶湖人队和波士顿凯尔特人队——1964-1965 赛季总决赛第 5 场，"紫金军团" 96：129 "绿衫军"；第 4 战在领先 24 分的情况下被大逆转，也是总决赛的最大逆转纪录。

　　如此凄惨的总决赛之旅给湖人队留下了巨大的心理创伤，对于向来心高气傲的 "紫金军团" 来说，39 分、24 分，这些数字都是赤裸裸的羞辱。终场哨响，TD 北岸花园球馆彩旗飘扬，科比·布莱恩特则在主队球迷震耳欲聋的欢呼声中黯然离场，他的孤单背影与绿军众将的疯狂庆祝形成鲜明对比。

　　假设科比能在 2007-2008 赛季夺冠，那么历史将成就他一个完美的大满贯荣誉赛季，但正所谓 "天不遂人愿"，历史没有假设。就 "黑曼巴" 个人而言，不能再对他要求更多，他面对的可能是史上最严酷的个人围剿。

　　也许 2007-2008 赛季注定是属于波士顿凯尔特人队的，三巨头对总冠军的渴望程度甚至都在科比之上，团队配置也比湖人队更合理，天时、地利、人和，一切都被掌握在 "绿衫军" 之手。而看湖人队自身，最大的缺失还在于安德鲁·拜纳姆的赛季报销——并不是说有了 "小鲨鱼" 湖人队就必定能胜凯尔特人队，但不会留下 "24 分" 和 "39 分" 这样的耻辱纪录，至少有这样的可能。

　　科比·布莱恩特在总决赛中惨败，最幸灾乐祸的莫过于他的死对头沙奎尔·奥尼尔了，当年暑假，他在一家夜总会大秀他的说唱本事，把科比贬得一文不值。

科比上一周没有我就是不行

科比你不行

有没有我

你就是第一名和最后一名的区别

科比你这个 ××

快来尝尝 ×××× 的滋味吧！

2007-2008 赛季的总决赛失利给科比留下的心理阴影有多大，科比日后在接受采访时就专门谈到过。他承认，在所有与总冠军失之交臂的失利中，输给凯尔特人队是最为惨痛的。"天哪，简直……"科比边说边摇晃着脑袋，一副难以自拔的表情，"我渴望在波士顿带走胜利，但就这么搞砸了，当时我感觉快要崩溃了。噢，天哪，我真的不想吞下这场败仗。"

客观地说，能在保罗·加索尔加盟仅半个赛季且安德鲁·拜纳姆缺席的情况下打进总决赛，其实已经是一个不错的成绩。好消息是科比·布莱恩特、保罗·加索尔、拉马尔·奥多姆、安德鲁·拜纳姆比波士顿的三巨头都要年轻。

年轻没有失败，生活还是要继续……

第四章

梦之队

2008.10 - 2016.1.6

国家荣誉之于科比，除了荣誉本身，更重要的意义在于他如何在一个众星云集的群体中重新发现自己、定位自己、找回自己。

🏆 梦之队起源

在球员眼里最重要的荣誉莫过于 NBA 总冠军——这个总冠军，每到颁奖时总被历届总裁先生念作"世界冠军"，但为国出征是一项无法拒绝的荣誉，尤其是代表国家出战奥运会。不谈其他的项目，就论篮球，NBA 联盟的那些星光闪耀的超级球星，如迈克尔·乔丹、埃尔文·约翰逊、沙奎尔·奥尼尔，他们的荣誉册上都镌刻着奥运会冠军。

1992 年巴塞罗那奥运会，因为 1989 年国际篮联修改规则允许职业球员参加国际篮球赛事，才使得美国篮协组建了以 NBA 球员为班底的国家队代表国家出战，而 NBA 也想借此机会向全世界展示他们的力量与声威。因此，这届美国队被命名为梦之队（Dream Team），队中囊括了除了以赛亚·托马斯之外的所有 NBA 精英，包括"飞人""魔术师""大鸟""大梦"等巨星。而之后的历届美国队，无论是美国的官方还是媒体报道中都不再与伟大的"梦之队"有任何的瓜葛，但被中国媒体和中国球迷误解为梦二队、梦三队……

而在球员方面，在人才济济的 NBA 联盟，要想被挑选进美国国家队也并不是一件容易的事情，不仅考查能力，还要考查公众形象。对于科比·布莱恩特来说，入选美国队的资格显然不是问题，甚至已是全美国人民千呼万唤的诉求，但 NBA 却还不表态。他所需要的只是一个合适的契机而已。

科比·布莱恩特的名字与美国男篮第一次联系在一起，可要追溯到遥远的 2000 年，当年，"黑曼巴" 21 岁，已经是 NBA 的大红人，美国队有意招募他出战 2000 年悉尼奥运会。 不过，2000 年暑假的时候，科比要与瓦妮莎结婚，他以结婚为由拒绝了邀请。与此同时，队友沙奎尔·奥尼尔也拒绝了美国队，因此，在美国男篮出征 2000 年悉尼奥运会的大名单上，我们并没有看到湖人队球员的影子，尽管他们是总冠军。

这事当然引发了争议，时任湖人队主帅的菲尔·杰克逊为那时候的湖人队 8 号队员所做出的决定进行了辩护："没有为国家队打奥运会就认为他不爱国，这很不公平。科比·布莱恩特暑假要忙着结婚，这是他的私人时间，对于他来说意义重大。"就这样，科比与国家队的第一次机缘以擦肩而过的方式告终。不过，当时的美国队依然保持着相对的强势，虽然科比·布莱恩特、沙奎尔·奥尼尔、蒂姆·邓肯这样的超级巨星都没有参战，阿伦·艾弗森因形象问题被排除，但以凯文·加内特、文斯·卡特、贾森·基德、阿兰·休斯顿等年轻人为首，阿隆佐·莫宁、加里·佩顿、史蒂夫·史密斯等老将垫后，美国队还是非常轻松地摘得金牌，一切看上去都是顺理成章。

时隔两年，亦即 2002 年，男篮世锦赛在美国本土的印第安纳波利斯举行，这是"梦之队"之后的美国队第一次在家门口作战，可万万没想到的是，超级球星们的热情却降到了冰点，顶级的球星纷纷避战。连贾森·基德和雷·阿伦也以伤病为借口拒绝了邀约，其他巨星级的人物包括蒂姆·邓肯、凯文·加内特、特雷西·麦克格雷迪、文斯·卡特等人也没有接受邀请，当然，也包括了刚刚拿到三连冠的"OK 组合"。"答案"同样被排除在外，原因也是相同的。

在美国文化中，这是可以理解的。毕竟，男篮世锦赛的影响力实在太小，单就国际比赛而言，根本无法与奥运会相提并论，无法吸引巨星们的注意力——在他们看来，只有奥运会才有参加的意义，与其打男篮世锦赛，倒不如利用暑假好好休息，安心备战新赛季来得实惠。

无奈之下，美国篮协只好召集二线球星上阵，其中甚至包括了像尼克·科利森之流的大学球员，以及当时还是新秀的贾·威廉姆斯。印第安纳波利斯是步行者队的主场球场，这样一来，"活着的传奇"雷吉·米勒也只能披挂上阵，尽管他即将退役，在球场上跑几个来回便气喘吁吁。

由此，这届美国队的阵容质量之差可见一斑。虽然外界对于这样一支球队并没有太多期待，但做梦也没想到此次世锦赛会成为美国队由盛转衰的节点，他们接连输给阿根廷队、南斯拉夫队和西班牙队，最终竟然只拿到了第6名，这也成了时任美国男篮主教练乔治·卡尔挥之不去的噩梦。

MAMBA
FOREVER

🏆 我与雷吉·米勒

但最惨的还是雷吉·米勒，一代风云人物，联盟唯一的与迈克尔·乔丹互扇耳光的人物，在时长仅 8 秒的"米勒时刻"狂得 8 分、在麦迪逊广场花园实现逆转的人物，1994 年的多伦多男篮世锦赛、1996 年亚特兰大奥运会他都参加了，都是毫无疑问的金牌，却以 37 岁的高龄在自己的家门口受此奇耻大辱！可是，又有什么办法呢？谁叫这比赛就在自己的家门口，而且年轻大腕们都如此"不爱国"？也罢，也罢，在这里我得好好写写我和我的第一偶像之间的故事。

前面已经说过，学生时代的我最喜欢的两名球员是芝加哥公牛队的丹尼斯·罗德曼和印第安纳步行者队的雷吉·米勒。正是他俩让我对篮球着迷，对 NBA 着迷，对美国着迷，最终引领我走上了 NBA 记者这条路。如果说能到印第安纳波利斯看一场步行者队的比赛，算是了却了一大心愿，能在更衣室里与雷吉·米勒交谈就算得上是圆梦了。机会来得很突然，就在 2004 年 12 月 25 日，圣诞大战。关于这场比赛的历史背景，这座城市对篮球的痴迷——与底特律不同，是那种温文尔雅的痴迷，在写 2000-2001 赛季总决赛的文字中已有描述，现在的唯一重点是雷吉·米勒。

2000-2001 赛季的总决赛我没赶上，2002 年的男篮世锦赛同样没赶上，但 2004 年 12 月 25 日的圣诞大战我的运气来了，不仅亲见其人，而且亲手赠他礼物。

赛前的雷吉·米勒有两个习惯：一是要在热身时对着球队公关主席大卫·班纳一顿"臭骂"，二是要在开场前的哨响之前在弧顶转身投中一个三分球。他说这两个习惯缺一不可，否则比赛时他会浑身不舒服。

而在这场比赛的赛前，大部分记者都被吸引到媒体采访室听小奥尼尔的新闻发布会去了——他是刚刚发生的"奥本山宫殿球馆群殴事件"的男二号啊。我跑进主队的更衣室，只有新秀大卫·哈里森抱着一个迷你 DVD 在那里自娱自乐。正感失望之际，一个消瘦的身影在门前晃了一下又不见了，应该是他——雷吉·米勒。步行者队中其他人没有这么瘦的。

几分钟后，那个身影又出现在门口了，是的，就是雷吉·米勒。但见他全身赤裸，下半身裹着条白毛巾从训练室出来，走向自己的更衣柜。

ESPN 的两个摄像师马上对准目标开机，米勒手一挥："能让我先穿上衣服吗？"

摄像师可能是戴着耳机没听见，米勒轻轻地把镜头推到别处："能让我先穿上衣服吗？谢谢！"

他穿好了，《印第安纳星报》的媒体同行马克·曼蒂斯拉着我到我的头号偶像身前："雷吉，记得我跟你提过的中国记者吗？就是他。"

"哦？你好吗？"米勒伸过手来，说，"我从未去过中国，中国好玩吗？"

吹嘘了一通祖国的大好河山后，切入正题。"雷吉，随着暴乱事件后的人员变动，你的任务似乎加重了不少？"

"是啊，不过还好吧，杰梅因·奥尼尔不是回来了吗……"米勒随口答道，"其实开季前我就已经准备全力打这个赛季了，因为这很可能是我作为职业球员打篮球的最后一年了。"

"这哥们儿为了你把自己的名字都改了……"旁边的马克插嘴说。

"什么？开玩笑吧？"米勒一脸诧异。

我点头说"对"，告诉他我在澳大利亚时去移民部正式把名字改成了 Reggie Duan。起因当然是因为他，当然也是觉得 Reggie 这个名字很好听，于是就改了。

"不会吧？！"米勒表现出来的惊讶程度超过我的想象。他双手把我拥抱在怀里，拍了又拍，弄得我一时有点窘。之后的几分钟，我们随便聊着闲话，他又前前后后伸出双臂拥抱了我三次……现在回头想，无论是真热情还是假热情，雷吉·米勒起码让我感受到了他对我的这种重视与尊重——我接触的 NBA 球员太多，很多球员，尤其是现在的年轻球员，有的是让你感觉不到他对你是否尊重，有的是干脆让你直接感觉到他对你的不尊重。

"你知道这是谁吧？"我送了他一个李小龙的玩偶作为圣诞礼物。

"布鲁斯·李，当然知道了！我把他放在我的更衣柜上，这样他就能天天看我了，可以吗？"

"当然。"

看见步行者队的工作人员进来清场了，我们的闲聊只好停住。

"祝你打出一场好比赛，再见！"

"再见，谢谢你的圣诞礼物，"米勒再次伸出手来，"我很喜欢。"

左边的是李小龙，右边的是一个小胖和尚。说来惭愧，由于离开中国时没想到要准备这些小礼物，这两个中国小玩偶都是我在迈阿密的一个中国店里买的……与底特律活塞队的"圣诞大战"虽然输了，但米勒状态神勇。"我希望我们在下一场重新振作起来，好，谢谢各位！"米勒对待媒体的态度向来都比对待球迷差很多，赛后，在更衣室里用一声"谢谢各位"很无情地下了逐客令。

"嘿，Reggie，"但他特意过来跟我打招呼，"明天还要回迈阿密吧？路上小心，咱们下个月迈阿密见！"

之后在迈阿密和印第安纳，我与米勒交流的次数越来越多。有一次在步行者队的更衣室里，他当着更衣室里所有人的面拿着一根水彩笔走到我面前揪住我的采访证，在上面写上自己的电话与 E-mail，同时耳语："这个绝对不能告诉别人，你在美国可以给我打电话，回中国后可以给我发 E-mail。"

在这时，我确实还在怀疑：站在我面前的这个人，真的就是 NBA 历史上最伟大的射手雷吉·米勒吗？如同我长时间地难以相信美国男篮在家门口"勇夺"世锦赛第六名。

2002 年的惨败让美国篮协痛定思痛，待到 2003 年，美国男篮又将组队出战美洲男篮锦标赛（以下简称"美锦赛"），同时也是2004年奥运会的美洲区预选赛。他们放下对"答案"的成见，向各路巨星再度发出英雄帖，希望能以此为契机组建美国队，一雪前耻。这次，原本科比·布莱恩特是决定代表国家出战的，不过，人算不如天算，肩膀和膝盖的伤势让他不得不在暑假动手术，就这样，他再次与美国队擦肩而过。尽管缺少了科比·布莱恩特，但这届美国队并不乏好手，最终招募到了蒂姆·邓肯、阿伦·艾弗森、特雷西·麦克格雷迪、贾森·基德、雷·阿伦、文斯·卡特、凯文·加内特等巨星，甚至连卡尔·马龙也来了，在美锦赛决赛中大爆发，狂虐阿根廷队将近40分，整届杯赛平均净胜对手30.9分。转眼间，便是雅典奥运会，美国队就要兑现承诺了。但结果无论是科比·布莱恩特还是征战过美锦赛的成员们都意外连连。

首先是科比，2004年雅典奥运会本是他为国出征的最佳时间，可由于当时的"黑曼巴"深陷鹰县事件而无法脱身，只能再次憾别国家荣誉。

至于其他人，承诺是承诺了，美锦赛也参加了，但等要远征欧洲时，出于对恐怖袭击等安全因素的考虑，许多大牌球星选择临阵退出，以致2003年的那支美国队最终只有蒂姆·邓肯和阿伦·艾弗森这两位顶级球星，没办法，美国篮协临时挑选了包括像勒布朗·詹姆斯、德怀恩·韦德、卡梅隆·安东尼等才刚刚出道没多久的新人顶替，这次他们再度遭遇梦魇。

揭幕战，美国队就吃了一记闷棍，以73∶92大比分不敌波多黎各队，这也预示着他们的奥运之旅将是一片坎坷。果不其然，在险胜了希腊队和澳大利亚队之后，美国队输给了立陶宛队，只能以小组第4名出现，这对于美国男篮来说，无疑是一个羞耻的排名。进入淘汰赛阶段，美国队拿下西班牙队，但在半决赛中以81∶89不敌阿根廷队，彻底断送了夺金希望，在铜牌争夺战上他们以104∶96复仇立陶宛队，结束雅典之旅，这也是"梦之队"之后美国队首次无缘奥运会金牌。

在2004年雅典奥运会之前，美国男篮一共只输了两场奥运会比赛，而这届比赛他们就输掉了三场。

事后，还曝出内讧、相互不配合等负面新闻。

连续两个世界大赛都铩羽而归，美国篮协再也坐不住了，他们吸取过往的教训决定采取超额选拔、长期集训的方式来组建国家队，以备战2008年北京奥运会。当时的美国男篮主管是杰里·科朗吉洛，他在组建新一届国家队的第一件事情就是首先确定了科比·布莱恩特和勒布朗·詹姆斯这两位绝佳人选，科朗吉洛钦点此二人出战2008年北京奥运会，这也就意味着科比·布莱恩特距离代表国家队出征的日子越来越近了。

"我很兴奋，哥们儿，真的非常兴奋。我很兴奋能参加奥运会，代表我的国家，我非常期待。这很有乐趣，会是一个挑战。之前原本有机会参加雅典奥运会，但由于那些原因去不了，我尽量不再去想这些，现在对于我来说是时候了。美国男篮过去一直都在称霸世界篮坛，而这些年的战绩不尽如人意，我们面临着挑战。"得知消息后，科比在接受采访时表示。

另一方面，科朗吉洛也透露，科比·布莱恩特本人曾表示他自己对奥运会的兴趣高昂。"我和他有过非常棒的会面，他对能为国家队打比赛感到很兴奋。"科朗吉洛说道。科比之所以对新一届的梦之队如此热衷，也和新任主教练"老K"有着莫大的关系。"老K"就是迈克·沙舍夫斯基，是NCAA史上最伟大的教练之一，由他来执掌美国男篮不仅是众望所归，而且是有着现实原因的：之前的连续失败乃至蒙羞，一方面是大腕巨星缺席，另一方面也是相互之间不服、不配合——实际上，自从出征1992年巴塞罗那奥运会的梦之队之后，他们就一直是这样各自为战，只不过实力超强的时候，矛盾被掩盖了。而"老K"，当时的明星很多是他的弟子，即使不是他的弟子也是他的弟子的对手、队友或哥们儿，再以他的巨大威望与严明纪律，没有敢不服的，否则，接下来的一段时间你很可能被外界的非议、质疑乃至丑闻纠缠。

以科比·布莱恩特为例，他不是"老K"的弟子，但二人之间的渊源可以追溯到劳尔·梅里恩高中的时期。当科比还在费城念高中的时候，就已经吸引了"老 K"的注意，他曾经希望招募"黑曼巴"加盟他所领军的杜克大学，但当时，科比还是执意跳过大学从高中直接升入 NBA。

机会错过了，但科比·布莱恩特本人坦言，如果他当年要选择念大学的话，一定会选择杜克大学。"每次打开电视，看到卡梅隆球馆（注：杜克大学的主场球馆），看到'K 教练'，我想我也许会非常乐意到杜克大学打球的。"科比毫不掩饰对杜克大学的偏爱。

而在 2003-2004 赛季结束，当"OK 组合"解体、菲尔·杰克逊一去不回头的洛杉矶湖人队要遴选新帅时，科比也曾经极力推荐"老 K"入主湖人队，湖人队也给"老 K"开出了 5 年 4000 万美元的合同，但"老 K"最终还是选择了留守 NCAA。"我曾经非常心动，也认真考虑过那份合同，那可是湖人队，我有机会和科比·布莱恩特合作。他和我的关系非常棒，但最后我还是拒绝了，这足以证明我多爱杜克大学，多么爱大学篮球。"日后，沙舍夫斯基如是说道。

但好事多磨，科比·布莱恩特又因为膝盖手术缺席了 2006 年日本男篮世锦赛。这支美国队朝气蓬勃，冉冉升起的新生代巨星开始占据舞台中心，队长由勒布朗·詹姆斯、德怀恩·韦德、卡梅隆·安东尼这三位 2003 级新秀的翘楚共同担任。当年的詹姆斯等人还稍显稚嫩，国际大赛经验不足，他们所领军的美国队在世锦赛上再度无缘冠军，只取得了第 3 名，但谁都知道他们的未来。而他们也借此得到了"老 K"的指导，并疯狂收获国际赛场大量经验值，为之后的强势崛起奠定了坚实的基础。

更重要的，一来有"2003 黄金一代"的巨星们的带动，二来这些巨星都从"老 K"那里学得真才实学，对各自的俱乐部球队更有帮助，因而，入选美国队成为人人向往的事情。

2007 年美锦赛，"老 K"再度拔寨出征，而这次，已经身披湖人队 24 号战袍的"黑曼巴"终于没有失约，第一次得以正式代表美国出战世界大赛，此时，距离他第一次受邀已经过去了整整 7 年。这支以下届国家队为班底的球队在美锦赛大杀四方，取得了 10 胜 0 负的完美战绩，场均能得到 116.7 分，场均丢分 77.2 分，净胜对手 39.5 分。

"梦之队"久违的统治力终于又回来了！

科比·布莱恩特在本届美锦赛上的状态相当出色，场均贡献 15.3 分、2.0 个篮板、2.9 次助攻、1.6 次抢断。本届美锦赛也是 2008 年北京奥运会预选赛，美国以 10 连胜的战绩轻松拿到奥运会入场券。比拿到门票更为重要的是，美国队还确立了科比·布莱恩特和勒布朗·詹姆斯的双核心，并且决赛中以 37 分的优势狂胜劲敌阿根廷队，也为他们重新树立了打强队的自信。对于科比来说，美锦赛只是一个小小的热身，毕竟，好戏还在一年之后，在中国的首都——北京。

🏆 2008 年夺冠

2008 年北京奥运会终于到来了，美国男篮的救赎时点终于到来了。美国男篮在兵强马壮的大名单内挑选出了 12 员猛将，他们分别是科比·布莱恩特、勒布朗·詹姆斯、卡梅隆·安东尼、德怀恩·韦德、克里斯·保罗、德怀特·霍华德、贾森·基德、德隆·威廉姆斯、克里斯·波什、泰肖恩·普林斯、卡洛斯·布泽尔、迈克尔·里德，堪称的"梦之队"以来的最强阵容，几乎可以与 16 年前的"梦之队"媲美。当然，缺憾总是存在的，蒂姆·邓肯和凯文·加内特这两位最强内线还是婉拒了国家队的召唤。这也可以理解，毕竟他们上岁数了，能拿 NBA 总冠军的机会不多了。不过，这样的一套阵容已经足够强大。

"我们希望用冠军来告诉全世界：在这项运动的发源地依然拥有最棒的篮球。我们要证明自己是不可战胜的。"杰里·科朗吉洛说道。

国际比赛并不等同于 NBA 比赛，规则略有不同使得选拔美国队不能像选拔全明星阵容那般简单粗暴，更不能交给球迷，战术以及配置上的考虑显然要更多些。因此，在本届美国队的阵容中，我们能看到诸如普林斯和里德这样的"小牌"：普林斯是底特律活塞队唯一没有入选全明星阵容的，里德在整个职业生涯也只有 1 次全明星阵容入选经历，按照一般标准来说，他俩似乎都没有资格入选美国队。但美国队并不唯名气择才，在"老 K"眼里，普林斯能够提供最强的外线防守，而里德的三分球是破联防的利器，他们的特质能在这支球队得到极致的放大。事实证明，这样的理念完全对路。

如果说勒布朗是本届美国队的战术核心，那么科比则是整支球队的更衣室领袖和人气之王。

2008年8月8日，"黑曼巴"作为美国代表团的一员出席了奥运会开幕式，成为全场最瞩目的焦点，不仅全场观众都在关注他，就连在场的运动员也都成为粉丝而追逐他。当大屏幕上出现科比·布莱恩特的身影时，现场的分贝瞬间达到了峰值——在众星云集的奥运会开幕式上，他完美地诠释了什么叫作"众星之星"。

时任美国队助理教练的迈克·德安东尼回忆起当时的场景："如果让我回忆印象最深刻的中国行，那绝对是2008年北京奥运会。美国代表团参加开幕式，要走250米左右的距离才能到达会场。我们一行500多人，所到之处被球迷包围得水泄不通，其中有普通球迷，有工作人员，有志愿者，他们都在高呼'科比'的名字，所有人都听得到。这让勒布朗等队员感觉有些尴尬，他们可能心里在想：'难道我们成了陪衬？'我当时就在队伍中，觉得这实在是太酷了。"

"那种感觉太不可思议了，我们一走进体育场，我的第一反应就是：'哇，场面太宏大了！'有那么多人，那么多灯光，当你沿着跑道向前走的时候，可以看到许多国家的代表团，每个国家的人都在鼓掌，庆祝奥运会开幕。然后看到一些观众挥舞着美国国旗，喊着'USA'，我觉得血脉偾张，因为我从来没有听过这样的呼喊。这是我第一次听到，激动得起鸡皮疙瘩。简直就是不可思议。"科比·布莱恩特对北京奥运会开幕式印象深刻。

"科比·布莱恩特成了开幕式的焦点，看起来全场最受关注的人是布莱恩特。这个瞬间是如此奇怪，让不少美国记者都感到困惑。开幕式现场来了许多国家的元首，包括美国总统，但科比·布莱恩特才是开幕式的元首。"雅虎体育记者查尔斯·罗宾逊表达了自己的困惑。

美国队与中国队同分在了B组，同组的还有西班牙队、安哥拉队、希腊队、德国队。中美双方各自的第一场比赛就是捉对厮杀，这场比赛由于其特殊意义，吸引了时任美国总统的小乔治·布什与其父亲老乔治·布什一起前来观看。姚明笑言，如果中国队能赢美国队他就要退役了，因为这对于他来说是事业的最高点。不过玩笑归玩笑，美国队根本没有给中国队任何机会，科比 14 中 6 得到 13 分、2 次抢断，而刚刚复出没多久的姚明状态一般，10 投 3 中只得到 13 分，但另外贡献了 10 个篮板、6 次助攻，只是毕竟实力悬殊，美国队以 101 ：70 毫无悬念地击败中国队取得了开门红。而 31 分的分差对中国队来说算是可以接受的，这可是双方奥运交锋史的最小分差。

科比的奥运首秀状态不能算足够理想，三分球 7 投只有 1 中，但"2003 黄金一代"很好地撑起了局面，韦德 7 投 7 中拿到全队最高的 19 分，詹姆斯 12 投 8 中，贡献 18 分、6 个篮板、3 次助攻、3 个盖帽的全面数据。与在洛杉矶湖人队的时候掌控一切相比，科比在梦八队中的定位完全不同，对于当时即将年满 30 岁的他来说，他对角色的切换再熟悉不过。即使全场球迷都在高呼"科比!""科比!"，让人仿佛有在打主场的错觉，然而，他并不为之所动，在球场上冷冷地面对一切，只管帮助球队走向胜利。

首战轻松击败中国队，为美国队的奥运复兴之旅开了一个好头，之后的两场小组赛波澜不惊，分别以 97 ：76 和 92 ：69 击败了安哥拉队和希腊队。科比·布莱恩特在与安哥拉的比赛中依然状态低迷，全场三分球 8 投尽失，只得到 8 分。然而，随着比赛的深入，他也渐入佳境，对战希腊队，他砍下全队最高的 18 分，助美国队一雪 2006 年世锦赛半决赛负于对手之耻。

美国队的第一次真正考验是在小组赛的第 4 战，对手是实力强劲的西班牙队，这场比赛被视为决赛的提前预演，重要程度可见一斑。有趣的是，美西之战也是湖人队队友科比·布莱恩特与大加索尔的"洛杉矶内战"，在"黑曼巴"的对面还有小加索尔。与赛前爆炒的热度相比，比赛进程却波澜不惊，美国队的气势完全压倒了西班牙队，以 119 ：82 毫无悬念地赢得胜利，科比只打了 16 分钟，轻松得到 11 分。

美国队似乎想通过这么一场压倒性胜利向全世界发出讯号：王者已经强势回归！如果美国队能拿出他们最好的状态，那么其他对手甚至连他们的尾气都追不着。在本场惨败之后，*大加索尔难言沮丧："美*

国队很难被击败，他们在发出宣言，他们是来真的，他们将会对比赛认真严肃对待。他们比之前强得多，作为一个整体更加出色，显然是带着使命而来。"

小组赛的最后一场，对阵德国队更是来得轻松惬意，科比得到13分，美国队以106：57击败对手，以5连胜的战绩昂首晋级8强。纵观5场小组赛，科比·布莱恩特的数据并不突出，只有1场得分位列全队之冠，但在这支拥有詹姆斯、韦德、安东尼等超级得分手的球队里，得分显然不是最重要的任务，而是平衡球队的攻守。在参加北京奥运会之前，科比·布莱恩特已经8个赛季入选NBA最佳防守阵容，在国际赛场上展示防守强度并不是什么难事。

美国队进入8强战后的第一个对手是澳大利亚队，上半场"袋鼠军团"还能顽强抵抗，只落后12分。然而，在下半场最需要的时刻，科比·布莱恩特挺身而出，火力全开，全场砍下全队最高的25分，率领美国队以116：85大胜对手晋级4强。本场比赛也是科比在北京奥运会期间表现最好的一场比赛。"有他在，我们就不必担心投篮或者防守，科比是世界第一，不可思议，在篮球之外，我相信人们正在开始关注他的个性。"连詹姆斯也对他大唱赞歌。

"老K"也在赛后盛赞科比·布莱恩特，他表扬科比在最需要的时候站了出来，帮助球队拉开了分差。不过，一个颇值得回味的故事是，有记者在新闻发布会上把美国队称为"梦之队"的时候，"老K"连忙纠正："我们不是'梦之队'。"

挺进半决赛后，美国队遇上了他们最期待遭遇的死敌——阿根廷队。就在4年前的雅典奥运会半决赛上，阿根廷队淘汰了美国队，一脚把美国队踹入低谷，还有什么能比手刃仇敌更大快人心的呢？

这次，就连幸运之神都选择站在了美国队这一边。原本实力就胜出一筹，原本就占据着"半个主场"的优势，没想到阿根廷队的绝对核心马努·吉诺比利首节就因伤退场，这让比赛从一开始就失去了悬念。另一方面，科比在比赛中也就失去了用武之地，原本他正期待着与"阿根廷妖刀"大战三百回合，但这个突发事件——吉诺比利的退场使得科比也打不起精神，自"阿根廷妖刀"离场后，他只拿到了 3 分，全场贡献 12 分。虽然路易斯·斯科拉砍下大号"两双"，但实力上的全面差距无法逾越，阿根廷队以 81 ∶ 101 败下阵来，美国队终于一雪前耻了。

2008 年 8 月 24 日，决赛正式打响，美国队与西班牙决战紫禁之巅。与小组赛轻松大胜不同的是，美国队在决赛中打得并不像预想的那般舒展自如，西班牙队把团队篮球的特点发挥到了极致，而美国队则始终无法有效拉开分差，直到结束前 3 分钟西班牙队也只落后 4 分。关键时刻，还是科比·布莱恩特，他的中投和罚球稳定了军心，率领美国队以 118 ∶ 107 有惊无险地击败西班牙队，时隔 8 年再夺奥运会金牌。"黑曼巴"全场贡献 20 分、3 个篮板、6 次助攻、2 个盖帽，厥功至伟。

值得一提的是，8 月 23 日是科比的生日，他用一场救赎之战给自己的生日送上了最完美的礼物。而在球场上，勒布朗·詹姆斯则率领队友们给他送上生日蛋糕，领唱《祝你生日快乐》。

在北京奥运会的 8 场比赛中，科比场均能得到 15.0 分、2.8 个篮板、2.1 次助攻，投篮命中率 46.2%，为美国男篮重返篮坛巅峰立下汗马功劳。在谈及奥运会冠军和 NBA 总冠军的区别时，他表示：

> **"和我们赢得的其他任何一个冠军相比，奥运会金牌更重要，也更特别。"**

科比所说的这些并不是场面话，奥运会金牌还一度成了他刺激队友的道具。他曾经爆料称，在 2008—2009 赛季训练营开始的第一天，刚刚经历了 2007—2008 赛季总决赛惨败的他，把北京奥运会金牌挂在了大加索尔的更衣柜上，并对大加索尔说："哥们儿，NBA 你是第二，奥运会你又是第二，这个赛季加把劲儿，不能再当第二了。"事后证明，科比·布莱恩特的激将法还是起到了作用的。

尘埃落定，虽然科比·布莱恩特所领军的美国队如愿摘得奥运会金牌，但引发的话题并未就此停歇。美国队在北京奥运会上所展现出的战斗力远胜过往的几届，以至于有人把他们拿来和开山鼻祖"梦之队"进行比较：北京奥运会美国队 VS 梦之队，谁更强？

从净胜分来看，二者相差甚远，"梦之队"场均净胜对手 43.75 分，而北京奥运会美国队的净胜分只有 27.875 分。而从过程看，北京奥运会美国队在决赛中尚有小小惊险，而"梦之队"的最小分差同样来自决赛，对手是克罗地亚队，只赢了 32 分，之前的小组赛和同一对手相遇则赢了 33 分。

当然，单纯的数据比较没有绝对的说服力，同时也要把竞争对手实力增强这个因素给考虑进来——从历史发展来看，随着篮球的日益全球化，其他各国的国家队也都变得强大了。

而纯粹从阵容的角度来看，科比·布莱恩特与迈克尔·乔丹对位有些勉强，勒布朗·詹姆斯对位拉里·伯德也许略占优势。但是，"梦之队"的内线占据了绝对优势，阵中云集了像卡尔·马龙、查尔斯·巴克利、大卫·罗宾逊和帕特里克·尤因这样的名人堂巨星，而北京奥运会时的美国队只有德怀特·霍华德、克里斯·波什和卡洛斯·布泽尔，完全不在一个层面。虽然北京奥运会时美国队的 1 号位深度不俗，拥有贾森·基德、克里斯·保罗、德隆·威廉姆斯，但组织后卫对于"梦之队"也完全不是问题，除了"魔术师"和约翰·斯托克顿这两位传奇之外，斯科蒂·皮蓬、克莱德·德雷克斯勒等人都是传球大师。

"魔术师"就对这样的对比表示不屑一顾："当你想到奥运会和'梦之队'的时候，我必须对你这么说：'科比·布莱恩特和他们的救赎之队场均净胜对手 22 分（注：实际为 27.9 分），噢，22 分？我们场均净胜对手 44 分（注：实际为 43.8 分）。所以如果他们有异议的话，那就告诉他们，我们等着他们。'"科比当时倒是没有参与到类似的辩论中去，毕竟湖人队的前辈已经开口，如果再去挑起口水之争只能是伤了和气，甚至是自讨没趣——实际上，当事人都不怎么讨论，毕竟"梦之队"永远值得怀念，不容挑战。

2008 年的北京奥运会结束后，科比·布莱恩特选择暂别国家队，把舞台留给年轻人去表演。在随后成军的美国队，是专门针对 2010 年土耳其世锦赛的，由于世锦赛的含金量一般，参赛还要冒着受伤的风险，因此，绝大多数超级巨星都再次选择休战，这支美国队唯一够得上巨星级别的只有一个人——凯文·杜兰特，他成了最耀眼的明星。至于德里克·罗斯、拉塞尔·韦斯布鲁克和史蒂芬·库里等，则是后话。

不过，这届美国队依然延续了上届美国队的强势，在 2010 年的土耳其世锦赛上八战全胜，场均净胜对手 27.7 分，自 1994 年以来首度夺回世锦赛冠军。杜兰特场均砍下 23.4 分，成为本届世锦赛 MVP。

MAMBA FOREVER

🏆 2012 年称王

　　2012 伦敦奥运会战鼓擂响，美国男篮重新集结组建了美国队。这时候，洛杉矶湖人队这边，科比·布莱恩特已经在大加索尔的帮助下完成了总决赛以及总决赛 MVP 的双重卫冕，在"大鲨鱼"离开后扬眉吐气，大大翻身，完成了质的蜕变，个人荣誉也达到了半神化的地步，再考虑到偶像气质，应该是迈克尔·乔丹之后唯一的"半神"了。

　　但这时候洛杉矶湖人队又再次跌入低谷，菲尔·杰克逊于 2010-2011 赛季结束时，再次离开湖人队，接替者是迈克·布朗，结果湖人队管理层在球员市场又胡闹了，没能引进什么人才也没什么，倒是将依然有使用价值的拉马尔·奥多姆和德里克·费舍尔送走了，而且，这二位还都是科比的好兄弟。没走的大加索尔天天生活在交易流言中，尽管安德鲁·拜纳姆和慈世平还在，2011-2012 赛季也只是止步于西部半决赛。这时候的科比自然也不会有什么好心情，但国家荣誉在召唤，他再度回归，挑起了带领美国队卫冕奥运会冠军的重担。

　　除了科比·布莱恩特，这届美国队又有变化，能参加的实力派球员老、中、青基本都到了。因此，"黑曼巴"更加地退居而充当精神领袖的角色，当仁不让的球场上的领袖是勒布朗·詹姆斯，而凯文·杜兰特则是进攻核心，卡梅隆·安东尼、克里斯·保罗、德隆·威廉姆斯、安德烈·伊戈达拉、泰森·钱德勒已经是老将了，而拉塞尔·韦斯布鲁克、詹姆斯·哈登、凯文·勒夫、安东尼·戴维斯则带来了年轻的冲击力。

　　与北京奥运会的美国队几乎如出一辙，这届美国队同样也没有配置太多的传统内线球员，纯正中锋只有钱德勒，勒夫和戴维斯随时都要客串 5 号位。这样的配置，与时下流行的小球战术十分契合，抛弃传统打法改用 1 大 4 小的阵容都可以看到：从 NBA 到国际赛场，篮球的变革无处不在。也许，未来的某一天，我们可以看到 4 小 4 大的阵容。这并没有什么不可能。

同样是与北京奥运会美国队相比，科比·布莱恩特更加内敛，他扮演的角色等同于北京奥运会美国队的贾森·基德。至于得分、刷数据这些事情，留给年轻人去干吧，是时候把权杖交接给后辈了。毕竟，2012年的科比·布莱恩特已经不再年少轻狂。

不过，大赛前科比·布莱恩特的一番言论还是引发了腥风血雨。"黑曼巴"在接受媒体采访时曾表示，这届美国队可以与传奇的"梦之队"相提并论。科比认为虽然"梦之队"有大卫·罗宾逊、帕特里克·尤因等伟大中锋，但他们的速度处于劣势。*"我知道，想要击败'梦之队'非常困难，但我相信我们是可以做到的。那支'梦之队'拥有身高，但他们的年纪偏大，要知道，我们现在这支球队拥有一群年轻的赛马。"*科比的理由是年轻和速度。

此言一出，立马引发了前辈们的吐槽。这次，就连"飞人"也坐不住了："我当时忍不住笑出声了！这根本没法比较，科比·布莱恩特做了一件非常不聪明的事情。"

"飞人"的"笑出声"还算是客气，查尔斯·巴克利就没有这么客气了，也许为了加强嘲讽意味，他甚至完全忽视了科比·布莱恩特在伦敦的存在感："科比·布莱恩特多少岁了？ 34岁了，竟然说我们老！当时我们才二十八九岁，我和乔丹都是29岁。现在的美国队也就勒布朗·詹姆斯和凯文·杜兰特能和我们那届相媲美。正如我所说的，他们的那些组织后卫是无法击败我们的，不用脑子想都知道。"

连老实的帕特里克·尤因也不干了："事实上他们根本无法和我们相提并论。他们比我们的块头小多了，我和大卫·罗宾逊就可以统治篮下，我不会说打爆他们，但如果打10场比赛我们可以赢10次。"

更糟糕的是，就连与两支球队毫无瓜葛、从来没有入选过任何一届美国队的克里斯·韦伯也站出来嘲笑科比："科比·布莱恩特说得完全不对，他们不可能击败'梦之队'，他们甚至不是上届美国队的对手。"

在这样的背景下，自知失言的科比·布莱恩特事后对自己的发言进行了解释："外界的争论真的很无趣，因为我没说过这届国家队是一支更好的球队，但如果你觉得我们无法战胜一次的话那也太疯狂了。"
这时候，勒布朗·詹姆斯当然是站出来力挺科比：**"如果我们能打出全部实力的话，绝对是一支最优秀的球队。'梦之队'就是'梦之队'，我们现在不可能和他们同场竞技，所以别人说什么都不重要，我只想说我们同样也可以成为一支伟大的球队。"**

伦敦奥运会美国队到底强不强，我们来用过程、结果以及数据证明。

美国队的第一场小组赛对阵法国队，波澜不惊，以 98 ∶ 71 轻松拿下，科比得到 10 分。次战迎战突尼斯队，更是以 110 ∶ 63 赢得不费力气，科比打了不到 9 分钟、拿到 4 分就早早下场休息，这场比赛最吸引人的情节并不是比赛本身，而是有一位突尼斯队队员在本方叫暂停布置战术的时候心不在焉，竟然问主教练能否去向科比·布莱恩特要签名——对于突尼斯队的球员们而言，能与科比这样的超级巨星交手实在难得，合影或者签名似乎是比打比赛更重要的事儿。结果则是，这名球员被怒火中烧的主教练狠狠扇了一耳光，此事也在伦敦奥运会期间乃至现在都是笑谈。

小组赛的第一个高潮出现在对阵尼日利亚队的比赛中，美国队以 156 ∶ 73 狂胜，此战刷新了多项美国队的队史纪录——半场 78 分、全场 156 分、全场 29 记三分球、卡梅隆·安东尼单场 37 分，均为队史之最。科比上场不到 11 分钟，8 投 6 中，轻松得到 16 分。

在接下来与立陶宛队的交手中，美国队遇到了不小的麻烦，科比全场 7 投只有 1 中，手感冷得出奇，面对一堆 NBA 边缘人以及前 NBA 球员领军的立陶宛队则显得异常狼狈，甚至在第 4 节反超了比分，多亏勒布朗·詹姆斯和德隆·威廉姆斯关键时刻的得分才重新控制战局，最终以 99 ∶ 94 有惊无险地胜出。与立陶宛队的苦战也给美国队敲响了警钟，最后一场对阿根廷队的小组赛，美国队倒是轻而易举地拿下，科比小试身手，贡献 11 分。

非常有意思的是，美国队进入淘汰赛之后的对手和对战顺序竟然与北京奥运会时一模一样，先是澳大利亚队，而后阿根廷队，最后是西班牙队。对阵澳大利亚队，科比上半场没有得分，下半场则彻底暴走，独中 6 记三分球砍下全队最高的 20 分，率领美国队以 119 ∶ 86 大获全胜。

自 2007 年的美锦赛之后，阿根廷队就无法再对美国队制造威胁，伦敦奥运会也不例外，这场半决赛，科比首节就砍下 11 分，帮助美国队占据先机，之后的比赛毫无悬念，美国队最终以 109 ∶ 83 取胜，科比 13 分、4 个篮板。

4 年后，美国队与西班牙队再度在奥运决赛狭路相逢，本场比赛双方都有大将缺席，德怀恩·韦德和里基·卢比奥都高挂免战牌。与上届比赛如出一辙，西班牙队面对实力明显强于自己的对手并没有退缩，反而是越战越勇，打完前三节仅仅落后 1 分。而这次则是杜兰特和詹姆斯力挽狂澜，美国队终于在比赛还剩 1 分钟的时候把领先优势扩大到两位数，最终比分定格在 107 ∶ 100，美国队卫冕！这场决赛，从数据看科比只贡献 17 分，头号功臣则是拿下 30 分、9 个篮板的凯文·杜兰特。

使命终结，可以再回到"梦之队"与伦敦奥运会时的美国队谁更强的话题上来。这届美国队场均得分 115.5 分、净胜对手 32.1 分，均逊色于"梦之队"的场均 117.2 分、净胜对手 43.8 分。

再综合阵容配置，除了勒布朗·詹姆斯与凯文·杜兰特，其他任何一个位置均处于下风，2012 年的科比·布莱恩特如何能与 1992 年的迈克尔·乔丹抗衡？这届美国队显然不是"梦之队"的对手。

2012 年伦敦奥运会的落幕，事实上就意味着科比·布莱恩特国家队生涯的终结，两届参赛，两枚金牌，还有比这更完美的结果吗？时在 2012 年，他就曾经暗示伦敦将是他的最后一届奥运会，但球迷并没有就此死心，总还抱着一丝希望，期待看到他在奥运会赛场上演"帽子戏法"。但自 2013 年之后，科比的身体状况急剧恶化，接连不断的伤病让其状态急转直下，虽然其间也曾经松口称愿意再度为国出征，终究还是敌不过现实——2015–2016 赛季是科比·布莱恩特职业生涯的最后一个赛季，他的最后一场比赛交给了"紫金军团"。

而在 2016 年 1 月 16 日，科比·布莱恩特通过新闻发布会正式对外宣布，他将不会代表国家参加里约奥运会。"我已经告知'K 教练'和杰里·科朗吉洛，我的身体没办法支持我参加奥运会。我的时代已经过去了，我已经接受了这个事实。年轻人才是这项运动的未来，他们理所应当出现在里约赛场上。这些小伙子是观众们想要看到和全力支持的，他们将向球迷展示篮球比赛在未来是什么样子。"

在科比·布莱恩特做出退出国家队的声明后，美国男篮在 Twitter 上向他致敬：

@ 科比·布莱恩特，谢谢你，科比·布莱恩特，为了你为美国队所做的一切！

"老 K"则是如此评价与自己合作两届奥运会的弟子的：

"在我所见过的高中生球员中，我认为作为一名高中生球员，科比·布莱恩特是最出色的。这常常会让我想起迈克尔·乔丹，虽然我没有见过高中时代的迈克尔，但科比和大学时代的乔丹有一点很相像，那就是他们在球场上的表现与自我管理。科比的自我要求远超其他的同龄人，他的得分能力不可思议。科比对对手的威慑是巨大的，不仅仅因为他的得分能力，更是因为他强大的气场，只要他在球场上，对手就会感到恐慌。为了赢得胜利，他所做的准备会比任何人都充分。他就是一个天生的杀手。我不认为他难以执教。他是个聪明的家伙，很多时候不需要教练开口，他就会对教练说：'我已经准备好了。'"

我们不知道该说科比·布莱恩特帮助美国男篮完成了救赎，还是该说美国男篮搭建舞台帮助科比·布莱恩特实现了荣誉大满贯。正所谓"天下没有不散的筵席"，对于科比·布莱恩特来说，带着胜利与美好的回忆向国家队告别，这也许是再完美不过的选择。从"黑曼巴"为国出战的那一刻起，他就与美国男篮实现了最完美的融合：科比·布莱恩特代表国家出战大大小小赛事 36 场，36 胜 0 负。

第五章

科比
的荣耀

2008 - 2009

现在，终于，水到渠成——科比·布莱恩特自己的总冠军。

🏆 双杀波士顿

经历了 2007-2008 赛季总决赛的惨痛，一小部分人认为科比·布莱恩特和他的"紫金军团"不可能再次站起，甚至认为"禅师"也已是黔驴技穷，因为这样的失败是前所未有的。

不过，2008 年的夏天，"天使城"反而安安静静，波澜不惊。

前面刚刚说过，科比·布莱恩特本人首次代表国家出征，北京奥运会的金牌或多或少地洗却了内心的创伤。此外，第一次与这么多的联盟巨星成为队友，为了共同目标而奋斗，并且有幸得到"老 K"执教，也令他的心态、心智成熟很多。他整个休赛期都是乐观面对"紫金军团"的未来，没有发表什么出格言论，也没有什么出格行为。

而在湖人队的管理层方面，也并没有对阵容进行大调整，因为他们相信，只要安德鲁·拜纳姆能恢复健康，他们就有足够的资本把波士顿凯尔特人队挑下马。这次的不作为，显然不是胡闹，而是非常高明的。

6 月 26 日的选秀大会，湖人队在第 58 顺位选中了乔·克劳福德，注意，是球员，而不是那个人见人怕的裁判；8 月 14 日，以自由球员的身份签下了大前锋 / 中锋约什·鲍威尔。然后就是裁人：10 月 22 日，同时裁掉了乔·克劳福德和 2007 年夏天签下的非选秀球员名帅乔治·卡尔的儿子科比·卡尔，然后，开始了新赛季的征程。

对中国球迷来说，这支球队最吸引眼球的运作莫过于正式签约孙悦：2007 年被湖人队以第 40 顺位挑中的孙悦，凭借他在国家队的出色表现，经过一个多月的沟通，2008 年 8 月 8 日——一个非常特殊的日子，与洛杉矶湖人队签订了为期两年的保障性合同。一种解读甚至认为，在北京奥运会开幕式当天签约预示了这是中国送给美国的大礼。这显然有夸大其词的成分，尽管当时的主流是中美友好，两国首脑频繁互动。对于孙悦而言，能成为科比·布莱恩特的队友自然是非常幸运。

10 月 28 日的揭幕战对手是波特兰开拓者队，地点是斯台普斯中心，湖人队如愿迎来了安德鲁·拜纳姆的回归，他们终于得以排出自大加索尔加盟以来的最强阵容。结果是毫无悬念的 96 ：76，净胜 20 分。而从球队的角度来说，大胜之下的"K 老大"也就 23 分、11 个篮板、5 次助攻，出手才 17 次。其他众将都比较平衡，没有特别出彩的，也没有特别失常的，首发与替补差距并不大，拜纳姆小试牛刀得到 8 分、3 个篮板。

之后的比赛基本就是这个套路，截至 12 月 16 日，科比单场得分最高的是 35 分，并且只有 4 次得分"30+"，与之前的他判若两人。但湖人队的良好开局一发而不可收，7 连胜、7 连胜、3 连胜、4 连胜，直到 12 月 20 日才首次连败。而前 19 场比赛是 17 胜 2 负则追平了队史的最佳开局纪录。

其实 2008-2009 赛季的真正最强者并不能确定就是洛杉矶湖人队——你无法忽视全员健康状态的波士顿凯尔特人队，经过 2007-2008 赛季的磨合，三巨头的化学反应更加令人恐惧。从 11 月 15 日到 12 月 23 日，他们打出了一波惊世骇俗的 19 连胜，一个多月都没尝过失利是什么滋味。这样的历史背景下，12 月 25 日，圣诞节，"绿衫军"兵临"天使城"，圣诞大战拉开序幕。

在两军交战之前，湖人队是 23 胜 5 负，胜率 82.1%，已经足够生猛；但凯尔特人队更加恐怖，27 胜 2 负，胜率达到惊人的 93.1%！

在湖人队这边看来，这场比赛并不仅仅是圣诞大战这么简单，更是对上个赛季总决赛失利的复仇之战，同时也有可能是新赛季总决赛的预演。可以预料到，湖人队与凯尔特人队在比赛中都火拼防守，结果是湖人队在大部分时间都占据了优势，但无法有效拉开分差，只是凭借着大加索尔最后 3 分钟内的 7 分、2 个盖帽，方以 92 ：83 终结了凯尔特人队的 19 连胜，总算出了一口恶气。这场比赛同时也是"禅师"的第 1000 场胜利，他成为 NBA 历史上最快拿到 1000 场胜利的教头，为自己的职业生涯竖立了里程碑。

有些意外的是，经历了圣诞大战失利的凯尔特人队有些找不着北，在接下来的 9 场比赛中竟然输掉了 7 场。可以说，圣诞大战是两支总冠军争夺者在 2008-2009 赛季的微妙转折点。

这边，科比与他的湖人队在 2008 年 12 月、2009 年 1 月主宰了整个西部联盟，科比连续当选这两个月的最佳球员，1 月他更是有 3 周拿下周最佳球员的称号。而且，他又渐渐在进攻端露出嗜血本性，先是有两次得分 "40+"，后是 2 月 2 日湖人队客场挑战纽约尼克斯队，他全场 31 投 19 中、三分球 6 投 3 中、罚球 20 罚全中，疯狂砍下 61 分，完全是以一己之力踏平了世界篮坛的圣地。这次的 61 分，也令他超越了名宿伯纳德·金，创造了麦迪逊广场花园球馆球员单场得分纪录。这一纪录虽然日后被卡梅隆·安东尼以 62 分超越，但 "黑曼巴" 的 61 分依然是客队球员在麦迪逊广场花园的最高。

非常有意思的是，科比前脚才刚刚离开，詹姆斯后脚便赶到了，也许是心中有什么想法，在相同的场地，2 月 4 日的这场比赛詹姆斯也是毫不留情地砍下三双：52 分、10 个篮板、11 次助攻。不过，事后，联盟通过回放发现其中的 1 个篮板球是队友的，错记在他身上，于是，他的三双被取消了。詹姆斯表达失望之情的时候也声明，绝不是和科比较量，但究竟是不是，明眼人一看就知道：詹姆斯绝不甘心自己的球队成为联盟的第三极，绝不甘心将自己置于科比的阴影中。

2 月 5 日，湖人队迎来了赛季最重要的客场比赛——做客波士顿。虽然科比手感不佳，全场 29 投只有 10 中，但加索尔得到 24 分、14 个篮板，奥多姆也砍下 20 分，有效地弥补了科比 "打铁" 带来的损失。湖人队与凯尔特人队拼到加时赛才分出胜负，结果湖人队再次笑到了最后，以 110∶109 终结了凯尔特人队的 12 连胜，上演了对凯尔特人队的常规赛双杀。正是从这一刻起，湖人队才从去年总决赛的阴影中走了出来，他们已经开始占据心理上的优势了。

正所谓 "有人欢笑有人愁"，高歌猛进中并非每一个湖人队成员都开心，其中之前的首发小前锋弗拉迪米尔·拉德曼诺维奇便打起了替补，被卢克·沃顿替换了，而且，他还被"禅师"批评球风太软而过得很不开心，坚持到全明星周末到来前，2 月 7 日被送到夏洛特黄蜂队，换来香侬·布朗和亚当·莫里森，后者是 2006 年的 3 号新秀，随即被弃用。全明星周末刚过，抢在交易截止日前湖人队又送走了克里斯·米姆，直接换取未来的选秀权。

从这两笔交易可以看出菲尔·杰克逊的底气有多足：现在的湖人队只清理门户，不引进人才。

MAMBA
FOREVER

🏆 一"杯"泯恩仇

如此出色的成绩，也令科比以票王身份连续第 11 次成为全明星赛首发；而这时候转战菲尼克斯太阳队的沙奎尔·奥尼尔也回光返照，入选西部明星队替补，本届全明星周末就在菲尼克斯，"大鲨鱼"继 2004 年的洛杉矶全明星赛后第 2 次以球员的身份当东道主。有趣的是，执教西部全明星队的正是"禅师"，这是他们仨自 2004 年总决赛以来的首度合作，令人不胜唏嘘。

一直都说分开才知道对方的好，科比与奥尼尔就是其中的典型。在分开之后的 5 年间，科比与奥尼尔逐渐忘掉了对方的不好，反而由于遇到了不同的队友而变得更加地想念彼此。

于是，在本届全明星周末期间，球迷最渴望看到的一幕发生了：科比与奥尼尔走在一起，互相开着玩笑，谈得兴起时还不忘搂抱在一起，已经想象不到上次两人如此亲密是何时何地。而在全明星赛场，科比与奥尼尔在板凳席上也是嬉笑不止，奥尼尔说出一个并不怎么搞笑的段子，科比就笑得前仰后合——或许，在一些人眼中科比和奥尼尔就是在作秀，但谁又会在意呢？

本届全明星赛，科比·布莱恩特得到 27 分、4 个篮板、4 次助攻，奥尼尔只打 10 分 55 秒就得到 17 分，并且，在球场上他就是活宝，使全明星赛有了更多的乐趣。可以这么形容"OK 组合"：科比·布莱恩特为球迷奉献了得分，沙奎尔·奥尼尔则为全明星周末带来了快乐。

在大卫·斯特恩宣布全明星赛 MVP 归属前，专家们就已经预测到科比和奥尼尔将共同捧起奖杯，因为这是对"OK 组合"的怀念，也是对他们的祝福；而当联盟总裁真的宣布"OK 组合"共享殊荣的时候，这对老哥们儿相视而笑，随后，大笑着共同举起了奖杯。这是球迷们期待的最好结局，同时也是"黑曼巴"和"大鲨鱼"最希望看到的结局。这时候，没人再提什么阴谋论了，因为这是人人期盼的阳谋。

"这真是伟大的传奇，感觉就像过去的时光，我真是怀念那些日子。在场上，科比总是不停地寻找我，就像今晚这样。"奥尼尔说，"我必须对得起我的好朋友，也就是科比。今天好像时间倒回 1999 年至 2002 年，每当我想要放松的时候，科比就会鼓励我再度奋起。"

在记者询问"OK 组合"是否因为今天的相聚而恢复友谊的时候，沙奎尔·奥尼尔否定了这一答案："我们的友谊从来就没有中断过。我们彼此尊重，也都有着可爱的女儿，我们的每次见面都充满了和谐。"

科比·布莱恩特则淡淡地表示："我们没有回到更衣室去看《钢木兰花》（注：一部悲喜交加的感人电影，主要人物是小镇上的 6 个女人）或者类似的影片。你知道我所说的。没有抱头痛哭，我们相处得不错，这就是全部。"

而对于科比与奥尼尔在全明星赛场上的和好，菲尔·杰克逊非常高兴："我想这是人生最重要的一课，这是人与人相互协作，在人生中求同存异、寻求和谐、寻求共存的关键。"

由于全明星赛 MVP 奖杯只有一座，只能归一人所有，赛后，科比还非常大度地把奖杯让给了奥尼尔，看得出这时候的科比已经学会了如何妥协与退让，他不再是当年那位锱铢必较的愣头青了。这样的心态与心智也体现在 NBA 正式比赛的赛场上：他已经很少单打独斗、刻意追求个人数据了。

全明星周末的热闹很快成为过去，各支球队开始拼命往前冲，有的为季后赛资格，有的为总冠军，只有极少数球队将目标对准了即将到来的 2009 年选秀。

🏆 绿军悲歌

　　而在全明星赛过后不久，洛杉矶湖人队的最大竞争对手波士顿凯尔特人队噩梦降临：在 2 月 19 日对阵犹他爵士队的比赛中，全明星赛还是东部明星队首发大前锋的凯文·加内特在一次空中接力时扭伤了右膝。对于已经 33 岁的加内特来说，这可不是好消息，他也因此缺席了接下来的 14 场比赛，再次复出，时间已经是 3 月 20 日。然而，复出后的加内特只打了四场，状态大受影响，场均只有 9.0 分、4.5 个篮板，很显然，他的膝盖伤势比预期要糟糕得多。此时，白热化的"疯狂三月"已经结束了，刺刀见红的季后赛就要到来了。铁人也有难以为继的时候，脆弱的膝盖已经无法再坚持下去，"绿衫军"不得不宣布加内特常规赛季报销，出战季后赛的希望也同样渺茫。这，对凯尔特人队无异于当头一棒，被打得晕头转向。

　　东部的另一个劲敌是克利夫兰骑士队。除了个人对科比的步步紧逼，詹姆斯以及他的球队最近几个赛季进步很快，并且每个赛季都有变化：2006-2007 赛季创队史纪录地首进总决赛，但以 0∶4 被圣安东尼奥马刺队淘汰，一句"未来是你的"令詹姆斯欲哭无泪；2007-2008 赛季，詹姆斯以场均 30.0 分拿到职业生涯唯一的得分王称号；现在是 2008-2009 赛季，当所有的目光都聚焦于洛杉矶湖人队和波士顿凯尔特人队的时候，他们却在接连不断地打出连胜，8 连胜、11 连胜、6 连胜、3 连胜、4 连胜、4 连胜、5 连胜、13 连胜、5 连胜，2 连败只有两次，3 连败是不可能的事情，不仅如此，詹姆斯砍分"50+"也是家常便饭，信手拈来。最终，这支球队以 66 胜 16 负成为全联盟的常规赛冠军。

　　再说回洛杉矶湖人队，一路稳扎稳打，最终以 65 胜 17 负拿下西部冠军。在他们看来，年轻的骑士队并不能构成多大威胁——那时候的骑士队依然是詹姆斯一个人的球队。**而湖人队又什么时候怕过个人英雄主义？雷吉·米勒、阿伦·艾弗森、贾森·基德都是他们的手下**

败将；他们明白，无私的团队主义篮球才是湖人队的克星，科比·布莱恩特的痛苦回忆拜 2004 年的底特律活塞队和 2008 年的波士顿凯尔特人队所赐，都是团队至上主义者。

再者，常规赛季双杀这支年轻的球队便是明证：2009 年 1 月 19 日，湖人队在斯台普斯中心以 105 ：88 大胜对手 17 分，尽管詹姆斯的 23 分仍然是双方队员的最高，但他在湖人队的强大防守面前 25 投仅 7 中；2 月 8 日，他们在客场以 101 ：91 再次击败对手，而这次詹姆斯更惨，20 投仅 5 中，才得到 16 分，尽管另有 8 个篮板、12 次助攻，而湖人队双核都很平平，但奥多姆横马杀出，独得 28 分、17 个篮板，一个人摧毁了骑士队——这就是湖人队的优势，科比不行的时候大加索尔行，大加索尔不行的时候会有其他的首发队员行，首发队员都不行的时候几个替补就会合力发飙。

至今依然有人认为，洛杉矶湖人队在 2008-2009 赛季的总冠军略有水分，运气好，因为总决赛没有碰上常规赛冠军克利夫兰骑士队，但从这两场比赛来看，如果相碰的是他们，湖人队会赢得更轻松。这是后话，暂且不表。

个人方面，率领骑士队拿下常规赛冠军的詹姆斯以票选 1172 分当选 MVP，科比得到 698 分，排名第二。与 2007-2008 赛季一样，科比同时入选了最佳阵容第一队和最佳防守阵容第一队；大加索尔也不负众望，入选了最佳阵容第三队。

科比这么多年的苦没白吃，总算等来了一个靠谱的队友。

在阵容方面，湖人队的最大变数发生在小前锋位置上：从赛季开始到 2009 年 12 月 9 日，软绵绵的弗拉迪米尔·拉德曼诺维奇打了 20

场首发；接下来，卢克·沃顿一连打了 34 场首发，其间，在他因伤缺阵的 8 场比赛中，弗拉迪米尔·拉德曼诺维奇又回到了首发位置，然后回到替补，然后被交易走了；可卢克·沃顿的屁股也没坐热，从 3 月 11 日彻底将首发让给了特雷沃·阿里扎——这位防守悍将的人生从此升起，几乎再也没有打过替补，并且以其防守而日益成名。

这个位置的变数，也体现了"禅师"对防守的重视程度。

MAMBA
FOREVER

🏆 对决休斯顿

2009 年 4 月 19 日，期待已久的季后赛拉开大幕，这时候，中国球迷不太爽的事情可能是孙悦，这位 NBA 的首位中国籍后卫在为湖人队总共出战 10 场，登场 28 分钟，贡献 6 分、2 次助攻、1 次抢断、1 个盖帽后，于 3 月 6 日被下放到 NBDL 的洛杉矶捍卫者，此时便已经确定将无缘季后赛阵容。

在 2007–2008 赛季和湖人队有过交手的犹他爵士队再度扮演拦路虎的角色，不过这次换作了首轮。

而与 2007–2008 赛季相比，两队的实力差距进一步拉大了，爵士队除了在第 3 战借助主场之利险胜 2 分外，其他比赛均无还手之力，输球的分差都在两位数以上，湖人队兵不血刃，以 4：1 轻松晋级。这 5 场比赛，前三场大加索尔均得分 "20+"，后两场则是科比 "30+"，再次验证了他们之间的互补规律。

西部半决赛与休斯敦火箭队相逢，几乎没人认为两支队之间有什么较量，但过程与结果却都是万分诡异。2008–2009 赛季的火箭队本就是一支充满了诡异气息的球队，特雷西·麦克格雷迪伤病缠身，才打了 35 场常规赛便于 2009 年 2 月 9 日结束自己的赛季征战，宣告报销，此时的火箭队以 31 胜 21 负排西部第七，然而，就是在这样的情况下，他们以 53 胜 29 负排名西部第五的战绩杀进季后赛，首轮对阵波特兰开拓者队，尽管对方阵中有布兰登·罗伊和拉马库斯·阿尔德里奇这样的组合，但依然奇迹般地以 4：2 胜出，打破了首轮魔咒，与洛杉矶湖人队会师。

在湖人队球迷的眼里，不，几乎在全世界的球迷甚至是包括了很大一部分的火箭队球迷的眼里，缺少了 "T-Mac" 的火箭队怎么看都是不堪一击，会死得很难看。*但是，这轮系列赛的艰苦与意外却远远超出了他们的想象，谁也没想到，就是这样一支缺兵少将的残队给湖*

人队的季后赛之旅制造了最大的麻烦。

5月4日，西部半决赛正式打响，首场就让专家们大跌眼镜。湖人队外线手感冷到极点，三分球18投只有2中，包括科比自己的7中1。最终，虽然科比砍下32分，但除了大加索尔的14分、13个篮板，其他队友都表现平平，而在火箭队这边，姚明的28分10个篮板彻底打爆了安德鲁·拜纳姆，罗恩·阿泰斯特（注：现已改名为慈世平）这个狠角色也贡献了21分、3个篮板、7次助攻，其他队友如阿隆·布鲁克斯、路易斯·斯科拉都有表现，首场比赛就以100：92爆出了本赛季季后赛开赛以来头号冷门。

不过，姚明、休斯敦火箭队、中国男篮乃至NBA都为火箭队的这场胜利付出了不小的代价。还剩5分钟的时候，科比突破后上篮的时候与姚明来了个膝盖撞膝盖，在大加索尔顺势得分完成灌篮的时候姚明倒地不起，双手抱膝，满脸痛苦；尽管还剩4分钟的时候姚明又回到球场并得到8分率领自己的球队获胜，但如此咬牙坚持打完比赛为他的职业生涯埋下了最大隐患，甚至与他的早早退役也有关系。

"我不知道我们的训练师对他做了什么。这就好比洛奇（注：电影《洛奇》的男主角，拳手）回来了，我们真的很需要他在球场上。"主教练里克·阿德尔曼非常庆幸。

"他甚至不需要回训练房。时间具有重要意义，每一秒，当他不在板凳上或球场上的时候都在杀死他，他在正确的时间回来了。我为他感到自豪，他给我们带来了巨大鼓舞，他知道我们需要什么。"

能让罗恩·阿泰斯特佩服的人不多，姚明是其中一个。当然，将姚明撞伤的科比·布莱恩特也是。

据姚明自己说，他只是敷了冰块而已，其他的什么都没做，1分钟后就又回到球场打比赛了。有了这样的开局，次战湖人队众将打起了精神，不再把火箭队当黑马看待，所以全场比赛火药味十足，"黑曼巴"甚至肘击罗恩·阿泰斯特，惹得后者情急之下与他顶牛，自己反而被"非著名裁判"乔·克劳福德驱逐出场。这时候的比分是84：94，客队落后，离比赛结束还剩 6 分 57 秒——只打 33 分 33 秒的阿泰斯特依然拿下了全队最高的 25 分，因此，没有人知道他的被驱逐对胜负究竟有多大的影响。有意思的是，赛后，无论是科比还是阿泰斯特都不认为他应该被驱逐出场。可惜历史没有如果。

至于"小巨人"，一方面首战撞伤了膝盖，二来也受到了明显遏制，12 分、10 个篮板比首战逊色不少。科比则是火力全开，全场 27 投 16 中，狂轰 40 分，率湖人队扳回 1 分。这时候，没人再把火箭队当黑马了，查尔斯·巴克利就认为这支球队将会给湖人队制造难堪。"火箭队已经让湖人队感到胆怯，这是一轮狗咬狗的系列赛。"他点评的时候说道。

回到休斯敦的火箭队似乎并没有从次战的失利阴影中走出来，第 3 战基本上都处于落后追分的被动中，最让人揪心的姚明，末节已经是步履蹒跚，但他再次咬牙坚持打完比赛。科比以 33 分带领湖人队首发五虎得分全部上双，并以 108：94 把总比分改写成 2：1。

就在 5 月 10 日，第 4 战开始前休斯敦火箭队官方正式宣布：姚明因左脚骨裂赛季报销，将无法参加剩余的季后赛比赛。

2009–2010 赛季姚明缺席了所有比赛，2010–2011 赛季打了 5 场便结束了在 NBA 的职业生涯。

一种偏执的言论以为是科比·布莱恩特一记膝盖对膝盖的对撞毁掉了姚明的职业生涯。这种说法当然失之偏颇，但无论如何，姚明的英年退役给姚明自己、休斯敦火箭队、中国男篮乃至 NBA 都产生了重大影响，而且以负面影响为主。

对于火箭队来说，这样的结果无异于晴天霹雳，在没有麦克格雷迪的情况下火箭队艰难前行进入次轮，如今，球队最为依赖的"移动长城"也轰然倒塌，而次轮比赛才打三场，对火箭队的打击可想而知。这次，几乎所有人都认为火箭队已经彻底玩完了，湖人队可以躺着进西部决赛，可是真的有那么轻松吗？结果则是又让人们大感意外了一回。

姚明身着黑色便装坐在看台上。也许是他赛季报销的消息让湖人队上下过于放松并且分心了，第4战的发挥让人不敢恭维，居然最多落后多达29分，要知道此时的火箭队已经没有了姚明，也没有了特雷西·麦克格雷迪！科比也荒腔走板，还在比赛中领到了技术犯规，很显然，全场只得到15分并不是他的应有水平。湖人队几乎毫无抵抗地输掉了比赛。

"火箭队在没有姚明的时候反而打得更好一些，实际上他们中路防守只有一人在封堵，显得很薄弱，但我们没有抓住机会。听到姚明报销的消息后，我真的感觉很失望，他是个好人，这样的情况对他来说也许非常艰难。"科比赛后如是说。

但在接下来的天王山之战，湖人队没有给火箭队任何可乘之机，他们首节就落后了两位数，之后的比赛完全进入了湖人队的节奏。科比只打了三节就拿到26分，比赛早早进入了垃圾时间，湖人队以40分优势大获全胜。

但火箭队在这轮系列赛中就像是打不死的小强，每当摇摇欲坠之时总能起死回生，第6场也不例外，开场17∶1的攻击波为比赛奠定了基调，硬是用95∶80的比分把系列赛带入抢七战。

这样的比赛打得科比直叹气："谁说火箭队是弱队？上一场比赛我就说了，他们不是弱队。在系列赛第一战之后我就知道不轻松，这是一个系列的消耗战。"比赛结束科比靠在大加索尔的肩上，并给予了他能给予的溢美之词："我为他的打球方式而自豪。他回应了对方的挑战，打得就像是这个世界上最好的运动员。真的为他感到兴奋。"

几乎是空城一座的休斯敦能把湖人队逼到抢七战，这已经是个不小的奇迹，但奇迹也有终结的时刻。湖人队凭借着实力上的碾压和主场优势在抢七战中完全压制住了火箭队，半场就领先20分，虽然科比全场只得到 14 分，但无妨大局，他们最终以 89 ∶ 70 把火箭队送回家，非常艰难地以 4 ∶ 3 晋级西部决赛。

这轮系列赛，毫无疑问代表了科比·布莱恩特与休斯敦火箭队的巅峰对决。

且不论姚明是否因为科比而断送职业生涯，也不论他与"大鲨鱼"的 PK 及友谊；单论"T-Mac"，他和科比当年都曾是"乔丹接班人"的候选，但在 2008-2009 赛季，科比走上神坛，而"T-Mac"则因为伤痛就此陨落。

而在私底下，科比·布莱恩特与特雷西·麦克格雷迪自高中时期就是好友，科比曾经透露过他与麦克格雷迪到底谁最强的故事。据他单方面的说法，他在 20 岁的时候与"T-Mac"一起在德国训练，两人打过 3 场 11 分制的一对一，科比全胜。其中一场的比分是悬殊的 11 ∶ 2，"T-Mac"在输掉第 3 场后，说自己背部痉挛退出了比赛。对于这个说法，"T-Mac"在社交平台回复说："我和科比从来没有一起去过德国，更别提被科比打爆。"一时间，球迷们都很好奇：到底他们之间谁是说谎者？球迷们迅速向科比求证：这段故事到底是不是真的？科比依然回答："这是 100% 的真事，我和你们都爱特雷西，但他真的被我打爆过。"而事后有图证明：在科比所说的时间段，"T-Mac"在法国的巴黎。

不管这段故事的真假，科比与"T-Mac"之间的友情一直是存在的。

"T-Mac"加盟火箭队后，他与科比的对位飙分更吸引了无数眼球；这次，没有他的火箭队在科比的夺冠赛季，又在失去姚明后奉献了精彩的系列赛；此外，在科比漫长的生涯里，也见证了"大梦时代"结束后火箭队的首次复苏，2003-2004 赛季首轮，火箭队老大史蒂夫·弗朗西斯带着他的铁杆兄弟姚明与洛杉矶湖人队相遇，虽然竭尽全力却只赢下 1 场——当时可是"F4 组合"啊，尽管在总决赛中很惨，但对付这对"季后赛菜鸟"还不用牛刀；后来，以科比为核心的"新 F4 组合"解散后，德怀特·霍华德的新东家正是火箭队。

2015-2016 赛季，"黑曼巴"的告别巡演还要继续，依然是这波连续 8 个客场。2015 年 12 月 9 日杀到明尼苏达波利斯，刚刚说过2007-2008 赛季的科比·布莱恩特与凯文·加内特在赛季初擦肩而过，总决赛被"绿衫军"羞辱，待来年还要复仇，怎么不去看看老朋友呢？而且，2014-2015 赛季时，科比还在这儿实现了总得分超越迈克尔·乔丹，森林狼队也适时地让比赛暂停，以前有支球队叫明尼苏达湖人队，联盟的第一位巨星乔治·麦肯就在这支球队。

照例，赛前，科比拜访了鲍勃·威廉姆斯——一位 84 岁的老人，从 1956-1957 赛季开始在明尼苏达湖人队服役 3 年；而比赛的最后 4分钟，爆满全场的 18000 余名球迷高喊："我们要科比！"一遍又一遍，直到比赛结束的时候目送他离开。

接着，11 日到圣安东尼奥，"GDP 组合"全都老了，但这座城市被科比称为自己"离开家乡的主场"，由于 20 年的不相上下的对抗以及科比的巨大成就，他在这里非常受欢迎，除了喝彩，特别之处是观众席上到处都是湖人队 24 号球衣。而在比赛结束后，科比主动跑过去，与格雷格·波波维奇来了一个长长的拥抱，私聊。

"我喜欢波波维奇，语言是无法描述我对他的尊敬了，只要有机会我就坐到他身边，认真倾听。"

现在，12 月 12 日，休斯敦，又是背靠背的比赛。更不幸的是，赛前湖人队已经是 5 连败了，开季来只有 3 胜的战绩，仅好于费城 76人队，但科比巡回演出的看点与意义超出一切，赛前热身时段主队球迷就形成了"围观科比"的景象。不少火箭队名宿也难得现身，自然包括了"T-Mac"和史蒂夫·弗朗西斯——他们都更晚进入联盟，如今都已退役多年，以这样的方式在休斯敦重逢多少令人伤感。

不过，对于已经宣布退役计划的科比而言，有好友观战自然多了一份动力。肾上腺素飙升的他在所有人面前献上久违的表演：一步过掉防守球员，直接突到篮下跃起扣篮。这次扣篮让全场震惊，以至于詹姆斯·哈登看着自己的偶像不自觉地喊出科比的名字。"科比是我的偶像。我以前一直是个湖人队球迷，一直都是科比的球迷，直到现在我依然如此。"哈登说。

"T-Mac"也不禁起身欢呼，他没有想到：科比还能给自己这么大的惊喜。

就连科比自己，也开心地笑了。

不过，虽然科比贡献 25 分，但依旧无法阻挡年轻的火箭队，尤其是从科比身边离开的"魔兽"，18 分、12 个篮板，投篮居然是 8 中 7！97 ：126，湖人队惨败。赛后，科比再次向休斯敦球迷表示致敬，并相约"T-Mac"一起回更衣室。"T-Mac"回头看一眼科比，率先离开，但似乎又在暗示着什么，科比心领神会，从背后一把将"T-Mac"抱住，两人还在球员通道玩闹起来：科比勾肩搭背地搂着"T-Mac"，全然不顾周围球迷拍照。

"T-Mac"问科比："今晚，你怎么了，没想到你还能扣篮？"

科比笑着说："怎么样，是不是震惊了你？我自己都不知道为什么选择扣篮。"

他们的故事到此为止，再说回当年的西部决赛，对手是丹佛掘金队。这支球队的最大变化是在 2008 年 11 月 3 日，新赛季才刚刚开始便将"答案"送到了底特律活塞队，换来的是昌西·比卢普斯、安东尼奥·麦克代斯以及凯斯·萨博，其中，最重要的自然是 2004 年的总决赛 MVP，他帮助卡梅隆·安东尼发生了质变，令这位新秀赛季便打进季后赛、连续 5 季止步于首轮的巨星昂首挺胸，突破首轮后再跨两大步，踏进了西部决赛，"科比·布莱恩特 VS 卡梅隆·安东尼"，大戏上演。

可惜，安东尼的坚挺没有持续性，头两场分别砍得 39 分、34 分，并夺回主场优势后，回到高原反而不行了，第 3 战落败，第 4 战尽管自己只有 15 分，但以比卢普斯为首的队友们太出色，以 120 ： 101 大胜后，总比分又变成了 2 ： 2。但这已经是最后的机会，最后两场他个人依然有 31 分、25 分的进账，但命中率分别是 23 中 9、17 中 6，最后以 2 ： 4 落败。

湖人队连续进入总决赛，连续近观总冠军奖杯，而上次，他们以凄惨收场。

MAMBA FOREVER

🏆 科比的总冠军

得再说说惨烈得多的东部联盟了，因为涉及"紫金军团"的总决赛对手。

湖人队从次轮开始深陷西部泥淖的同时，凯尔特人队也在美国东海岸陷入了危机。季后赛首轮，"绿衫军"与芝加哥公牛队相遇，凯尔特人队自己的阵容缺少了凯文·加内特，排名掉至东部第二；而对方尽管排名东部第七，但实际上他们是自 2 月 18 日至 19 日连做三笔交易之后奋起直追而进季后赛的，交易过后阵容一新，才刚刚交易来的约翰·萨尔蒙斯在联盟打拼多年并且状态稳定，手感好时能单场砍 38 分，不好时也能稳定在"20+"，他被主教练德尔·尼格罗稳稳地摁在了 3 号位首发，这个阵容的常规赛季战绩为 16 胜 11 负，胜率为 59.3%；磨合期结束，从 3 月 14 日开始的战绩更是 12 胜 4 负，胜率达到了惊人的 75.0%，与赛季的 50.0% 完全是两码事。

果然，这轮系列赛不仅大战 7 场，而且有 4 场打了加时赛，其中包括 1 个单加时赛、1 个双加时赛，更有 1 场是三加时赛！剩余的 3 场，第 2 战的比分是 118：115，从头至尾都胶着，最后时刻依靠雷·阿伦的压哨三分球命中凯尔特人队才获胜；抢七战尽管账面有 10 分的分差，但实际上也是战至最后时刻；凯尔特人队唯有第 3 战是压倒性优势。如此精彩、激烈、比分紧咬的系列赛，一度被评为 NBA 历史的唯一，没有第二。

身心俱疲而晋级东部半决赛，对手是"魔兽"领军的奥兰多魔术队。加内特是凯尔特人队攻守体系的绝对核心，但这次"绿衫军"等不到他的回归了，而没有了他坐镇内线，德怀特·霍华德在对方的油漆区简直是为所欲为，予求予取，再加上外线的几杆长枪短炮，让"绿衫军"焦头烂额。不过，凯尔特人队绝不会轻言放弃，甚至还有相当大的胜率，一度以总比分 3：2 领先，但最后两场却进攻抛锚，场均只有 78.5 分进账，最终被魔术队以 4 ：3 实现了逆转。但伤兵残阵而连续两轮抢七，"绿衫军"的悲歌令人动容。

这样，"凯尔特人队 VS 湖人队"早早成为泡影，科比·布莱恩特和他的洛杉矶湖人队也失去了面对面复仇的机会。

这时候的魔术队气势如虹，不再被认为是黑马了。东部决赛对阵克利夫兰骑士队，霍华德又一次在内线兴风作浪，而之前 8 战全胜、季后赛状态冠绝全联盟的骑士队，由于内线太弱却只能眼睁睁地"旁观"，安德森·瓦莱乔、"大 Z"以及替补的"大本"均毫无办法，而在魔术队这边，他们把强力中锋配 4 名射手的战术发挥到了极致，拉沙德·刘易斯和希度·特科格鲁这样的高个子射手拉到外线箭箭穿心。纵使勒布朗·詹姆斯在整个系列赛场均 38.5 分、8.3 个篮板、8.0 次助攻，已经做了他所能做的一切，其中，还包括第 2 场的三分球压哨绝杀，骑士队也抵挡不住魔术队的狂轰滥炸，最终以 2 ：4 被淘汰。

万众期待的"23 VS 24"的终极大戏也没能上演，甚至直到科比退役都没有兑现。

总决赛的对手是奥兰多魔术队，确实有些意外，也没有几个人看好魔术队有机会。为此，"魔兽"还到处鸣不平。但事实是，2008-2009赛季的总决赛可能是季后赛中最枯燥乏味的系列赛了，在这里，我也没有必要多花笔墨。

6 月 4 日，总决赛首战正式打响。魔术队除了首节能与湖人队周旋之外，之后的比赛则完全被玩弄于股掌之中，科比全场 34 投 16 中，砍下 40 分、8 个篮板、8 次助攻，率领湖人队以 100 ：75 大胜。从战术角度来看，湖人队最重要的地方就是完全锁死了霍华德，当时的联盟头号中锋全场竟然只有 6 次出手机会且只命中 1 球。这当然是有原因的，不比凯尔特人队和骑士队，"紫金军团"的两大内线一个是安德鲁·拜纳姆，一个是大加索尔，一个有自体优势，一个有技术，再加上阿里扎、科比、费舍尔等人从旁骚扰，"魔兽"委实难以拿到球。

系列赛的开门红对于"禅师"来说意义重大：据统计，在系列赛首场取胜的情况下他所带领的球队是 43 胜 0 负，洛杉矶湖人队则是 19 胜 0 负，看起来，这次的科比·布莱恩特将是势在必得。

"你知道的，我想要总冠军都快想疯了。"科比说道，"过去的两次总决赛都打得很差，这次我不想让机会再溜走。"

今日的科比·布莱恩特已经是"半神"，但回首 2008-2009 赛季，他的压力可是非同一般：勒布朗·詹姆斯的战斗力已经逐渐超越了他，在美国媒体非常看重的权势榜甚至已经压倒了他，因此，总决赛对于科比来说是为自己正名的机会，他可以借此机会证明自己仍是联盟老大；此外，他还要证明自己可以在没有沙奎尔·奥尼尔的情况下夺得总冠军。

但在媒体面前科比显然不愿意承认："我根本没有这样想过。"但随着距离总冠军奖杯越来越近，湖人队管理层总算可以松一口气了，高层甚至已经公开放话，称"黑曼巴"完全对得起 7 年 1.36 亿美元的大合同……这正好暴露了科比不愿意承认的这句潜台词可以解读为：

当初，杰里·巴斯赶走沙奎尔·奥尼尔而留下科比·布莱恩特，是正确的选择。

从某种意义上说，科比的内心深处依然是在与奥尼尔作战。

第 2 战湖人队的状态显然就没有首战那么凶残，双方基本处于均势，这场球，一直被外界认为对不起大合同的"亿元先生"拉沙德·刘易斯打出了超级巨星的数据——"34+11+7"，但最终结果又证明他并非超级巨星：在常规比赛时间还剩下 0.6 秒时，双方打平，魔术队掌控最后一次进攻机会，他们也打出了成功的空中接力战术，但非常遗憾的是，考特尼·李接到球后在咫尺距离却没能将球放进篮筐，只得进入加时赛。正所谓"大难不死，必有后福"，加时赛中的刘易斯仅在还剩 26.2 秒时命中三分球将比分追至 96 ：99，仅最后的 6.7 秒远投偏出，最终，加时赛中状态逐渐复苏的湖人队，以101：96有惊无险地拿下胜利，同时把总比分改写成2：0。

这场比赛科比虽然得到了29分，但也出现了7次失误。"坦白说，李的偷袭上篮是一次绝妙的表演。"科比对第4节的魔术队最后一攻心有余悸。当时的李还只是一位新秀，缺乏足够的经验，否则吃败仗的可就是湖人队了。

2：0与1：1完全是天壤之别，NBA历史上有94.2%的球队在拿下7战4胜制的系列赛头两场后，最终赢得整个系列赛。所有的数据都在指向湖人队必将拿下总冠军，但这时候，身为"K老大"的科比·布莱恩特无比冷静，他在面对记者时表示，会做好打客场硬仗的准备，魔术队随时都会卷土而来。

科比的预感是正确的，回到主场之后的魔术队果然迎来了爆发，霍华德、刘易斯和拉夫·阿尔斯通在进攻端全都拿到了"20+"，并且全面开花，投篮命中率高达56.4%。在总决赛中能够投出这样的命中率，无疑是很难被击败的，尽管科比也有31分、8次助攻，但罚球10罚只有5中，并且关键时刻出现致命失误。假设科比的罚球更准，也许结果就完全不同，也许他能再次上演总决赛横扫对手的场景，而这次，同样是属于他自己的：湖人队全队是26罚16中，与之形成对比的是"魔兽"，这位在罚球线上的拙劣程度只有"大鲨鱼"能堪比的家伙，当晚却是16罚11中，全队30罚23中。但历史没有假设，最终，魔术队以108：104在主场找回颜面，总比分被扳成1：2。

"输掉一场比分如此接近的比赛让我感到非常沮丧。我早已习惯率领球队走出困境。队友那么相信我，但是我没能做到。魔术队今天几乎用4个人来防守我，让我无从发挥，并且经常从弱侧对我进行夹击，就是这样。"科比如是说，"我的罚球也是糟透了，在罚球线上找不到节奏，这是一个让人痛苦的夜晚。"

对于科比的沮丧情绪，"禅师"及时给予了抚慰："我们毕竟都是脆弱的人类，有时候我们也会和其他人一样，犯些类似的错误。"

在这之前，杰里·韦斯特接受了 ESPN 采访，他坦言，勒布朗·詹姆斯实际上已经超越了科比·布莱恩特。对于这个说法，"禅师"的女友、杰里·巴斯的女儿珍妮·巴斯站出来力挺科比。

"我觉得韦斯特这么说不是有意轻视科比，但我觉得科比是当今篮坛最伟大的运动员。我这么说并不是无凭无据，科比每场比赛都在改写历史。我想你肯定听说过我想再看到威尔特·张伯伦打球类似的言论，而这些（科比的表现）不必再对错过那个时代而感到遗憾了。因为我们正在见证传奇的诞生，科比就是这样的传奇。我们现在就在见证最伟大球员的表演。勒布朗的确很优秀，但他在球场上的发挥还无法与科比相提并论。"

能在东部联盟连续干掉凯尔特人队和骑士队的魔术队当然不是等闲之辈，他们在第 4 场比赛中继续给湖人队施压。此战，霍华德打出了统治级表现，自己的球队上半场就领先多达 12 分。湖人队在下半场展开反击，逐渐拉近比分，魔术队在比赛结束前仍领先 3 分。但关键时刻，霍华德却是两罚全失，这边"老鱼"回过头来就是三分球续命，再次将双方带入加时赛。与第 2 场比赛一样，关键时刻的执行力不足让魔术队付出了惨重代价，湖人队再次统治了加时赛，比分定格在 99：91，距离总冠军仅有一步之遥。霍华德 16 分、21 个篮板、9 个盖帽仍无济于事，科比为湖人队贡献 32 分、7 个篮板、8 次助攻。

其实，科比在第 4 战的手感并不好，31 投只有 11 中。但好在队友足够给力：大加索尔在总决赛中持续稳定地场均输出 18+9，本场他也有 16 分、10 个篮板进账；而自 2007-2008 赛季回归的"老鱼"再次在危急时刻救命，除了获得打加时赛机会的那记三分球，又在加时赛仅剩 31.3 秒、双方战成 91：91 的时候再次命中三分球，一巴掌将魔术队的戏法拍穿了，他自己也两次挽救了球队；特雷沃·阿里扎 16 分、9 个篮板、2 次助攻、2 次抢断，费舍尔在常规比赛时间的续命三分球就是他抢篮板在先。这些强力队友的存在，是洛杉矶湖人队与前几个赛季最大的不同，对此科比是深有体会的：

"这次非常特殊，因为你的职业生涯里很少有机会能在两个不同的时期攀登高峰。当你有了第一次的飞跃后，跌到谷底，然后东山再起，做好触底反弹的准备，又回到巅峰，费舍尔和我都对经历这样的事情而感到幸运。"

第 5 场较量在 6 月 15 日展开，拿到赛点的湖人队，本场开局并不顺利，但第 2 节瞬间转势，打出了 16 ： 0 的高潮，一举逆转战局，半场战罢以 56 ： 46 领先。下半场魔术队越发急躁，而湖人队则是步步为营，手握领先优势的他们再也没有给对手任何的翻盘机会，优势一直保持到了终场，最终以 99 ： 86 大胜。

41. 洛杉矶湖人队赢得 2008 - 2009 赛季的总冠军，也是洛杉矶湖人队的第 15 座总冠军。

本场比赛科比拿下 30 分、6 个篮板、5 次助攻，整个总决赛他场均 32.4 分、5.6 个篮板、7.4 次助攻、1.4 次抢断、1.4 个盖帽，成为自 1969 年杰里·韦斯特以来首位总决赛至少 32.4 分、7.4 次助攻的球员，也是自迈克尔·乔丹之后能在总决赛场均 30 分、5 个篮板、5 次助攻的球员。

"能够拥有这样的时刻感觉实在是太棒了，我曾经试着不去设想这一刻……因为真的太兴奋了。只能尝试不去想这些，专注于比赛。"

科比毫无争议地首度斩获总决赛 MVP，同时也是湖人队队史的第 7 位总决赛 MVP。

　　"相比上个赛季我们变得更加强大，很高兴我们的努力得到了回报。这是一个艰苦的过程。我等待总冠军已经等了 7 年，这 7 年里我不断成长也变得更成熟，也更深刻地理解到责任与领袖的含义，能够获得总决赛 MVP，我非常开心。"

MAMBA
FOREVER

🏆 特殊的祝贺

在这里，还要再补充一件中国球迷的事情，也顺便澄清一个疑惑：中国球员孙悦，尽管没有进入湖人队的 2008-2009 赛季季后赛名单，但他同样是获得了总冠军的。关于这个话题，一直以来也有争论，但争论仅限于中国球迷群体之中，其实是没什么好争论的，也没什么不好意思的，孙悦直到 2009 年 7 月 31 日才被湖人队裁掉，按照规则他就应该分享总冠军奖杯。至于联盟颁给他的 NBA 总冠军戒指，则被孙悦的妈妈藏在"一个秘密的地方"，连孙悦自己都不知道在哪儿。

再补充一个大事情，全世界球迷都关心的大事情：沙奎尔·奥尼尔是科比·布莱恩特以及他的粉丝们都绕不过去的话题。

"大鲨鱼"离开，洛杉矶湖人队并没有进入"科比时代"，而是进入了"后奥尼尔时代"，一方面是科比数年的低迷，二是奥尼尔在这座城市的影响大太，印痕太深。

如果说前几年科比本人不愿意面对现实，那么随着菲尔·杰克逊、保罗·加索尔的到来，在球场上从疯狂砍分到团队至上从而夺得总冠军，球场外又经历了"鹰县事件"的洗礼，还在奥运会期间感受了竞争对手们的热情，他也慢慢开化，心态、心智成熟，在菲尼克斯全明星周末彻底与"大鲨鱼"和解，而当第一次夺得属于自己的总冠军后，他更不避讳奥尼尔了。

捧杯后科比·布莱恩特说，这是他职业生涯的第 4 次夺冠，也是首次在没有沙奎尔·奥尼尔的情况下拿到总冠军。"有人说我离开了奥尼尔就不行。现在感觉太好了，因为你证明了别人说的是错的。"——这时候，几乎是相同的话语，已然没有了之前的挑衅味道。而奥尼尔，也在湖人队夺冠后，通过博客大度地送出了祝福：

"祝贺科比，你应该获得这样的荣誉。你打得非常出色，享受我当时所享受的那种乐趣吧，兄弟。"

是的，不管是对于科比还是奥尼尔来说，是该到了对这段恩怨挥手告别的时刻。但在球场上的竞争还没有结束，科比的目标是总冠军数量要超过奥尼尔，"大鲨鱼"早已经在迈阿密也拿到了自己的第 4 座总冠军。别看"大鲨鱼"一副憨厚老实的样子，心里可是凌厉得很，尤其是在总冠军的数量方面从不马虎。在韦德受伤导致迈阿密热火队进入低潮后，便对热火队心生不满，加上迈阿密热火队也要重建，双方你情我愿，好聚好散，他于 2007-2008 赛季中途去了菲尼克斯太阳队。尽管人算不如天算，他去了之后一来受伤病影响，二来是与他们的跑轰风格完全不搭调，这支拥有史蒂夫·纳什、小斯塔德迈尔的强队反而成了弱队，季后赛首轮便遭淘汰，2008-2009 赛季更是无缘季后赛，但奥尼尔的"一颗冠军的心"可鉴，通过不懈努力，又在这个职业生涯除新秀赛季外唯一无缘季后赛的球队，在这座城市实现个人数据的完全复苏，并且拿到全明星赛 MVP。之后，这支球队积弱难返，他又辗转克利夫兰骑士队、波士顿凯尔特人队，哪次不是直奔夺冠大热门而去？

第六章

成王

2010.6.17

是的，没有三连冠，但在竞争日趋激烈的"后乔丹时代"，完成卫冕大业的科比依然是最为接近迈克尔·乔丹的那个人，不是"神"，至少也是"王"。

🏆 以不变应万变

2008-2009 赛季的夺冠让"黑曼巴"终于如释重负，"奥尼尔后洛杉矶无冠"的言论总算不攻自破。不过，对于湖人队核心来说，这显然不是终点，4 冠只不过与"大鲨鱼"战成平手而已。与天赋异禀但又玩世不恭的沙奎尔·奥尼尔相比，科比的野心要大得多，他对总冠军的渴望也远在"大鲨鱼"之上。

科比·布莱恩特想要超越的对象是迈克尔·乔丹——"飞人"的 6 枚总冠军戒指是一个切切实实的硬指标，要想比肩自己心目中的"神"，总冠军次数还要再接再厉。

科比的可怕之处在于他疯狂的战斗欲望，4 次总冠军也无法填满他的胃口，他的目标永远是"下一个总冠军"。而再次完成夺冠伟业的洛杉矶湖人队，自然也愿意尽可能地为科比提供支持，为他招募强有力的援兵。

首先要做的事情是 6 月 25 日的选秀。由于这些年湖人队一直是强队，所以也没什么高顺位，但在 2009 年的选秀大会，湖人队还是在首轮挑中了 29 号新秀托尼·道格拉斯，次轮挑中了 42 号帕特里克·贝弗利和来自尼日利亚的 59 号新秀奇内梅鲁·埃诺努。日后的职业发展证明前面的两位新秀还是可用之材，但对于湖人队，管不了那么多，等不了他们慢慢成长，即战力要紧，选秀当日全部换走，得到了全都是现金和两个 2011 年次轮选秀权；尼日利亚小孩连交易价值都没有，直接弃用。这样交易的最大好处是，一来腾出了位置，二来腾出了薪资空间。

果然，7 月 8 日，米奇·库普切克与自由球员罗恩·阿泰斯特签约，合同是 5 年 3395 万美元。那时候，这笔运作还是让球迷们大感意外，因为就在数月之前的西部半决赛，阿泰斯特还与科比发生过冲突，并遭到主裁判驱逐出场，导致形势大变。但谁也没想到，这对死敌能在这么短时间内就化干戈为玉帛。正所谓"有钱能使鬼推磨"，而在 NBA，只要有总冠军的诱惑，就不怕没人抱大腿。

另一方面，在 NBA，强硬表现往往能赢得对手的尊重，日后挖人就是由他们开始，这样的例子数不胜数——仅湖人队，不仅科比，现在就有阿泰斯特，后面还有拉贾·贝尔。

再说，就阿泰斯特的处境而言，"航天城"在 2008-2009 年的休赛期一地鸡毛，姚明动手术宣布赛季报销，特雷西·麦克格雷迪的健康状况也是一片云山雾罩，不知归期，这支球队完全就是一副树倒猢狲散的模样。对于像阿泰斯特这样只在火箭队打了 1 个赛季的球员来说，压根别指望用"忠诚"来挽留。正所谓"良禽择木而栖"，一边是湖人队，一边是双核都病恹恹的火箭队，对于没有拿过总冠军的阿泰斯特来说，谁的诱惑力更大可想而知。做出选择是容易的。

有得也有失。 上个赛季跟随湖人队夺冠的自由球员特雷沃·阿里扎反过身来便以 5 年 3395 美元的合同去了火箭队，毕竟，对于角色球员来说，夺冠之后更多应该考虑经济利益与上升空间——这支球队，阿里扎很可能会成为最大的大腕。从本质上来说，其实就等同于阿泰斯特与阿里扎互换了东家。阿泰斯特的即战力还是要强过阿里扎的——不管是防守还是进攻，阿泰斯特都更像是升级版的阿里扎。

此外，湖人队的唯一动作就是在 7 月 31 日正式裁掉了孙悦。这个举动并不出人意料，孙悦的实力完全不足以在湖人队立足。当然，之于孙悦来说，能在湖人队赢得 1 枚总冠军戒指还是极好的，这样特殊的人生经历并不是谁都能有——除他之外，到目前也就是蒙克·巴特尔。

还有一个名叫迈克尔·吉拉贝尔的法国球员，曾是西雅图超音速队在 2005 年选中的新秀，现在已是老江湖，不过，他直到 2006-2007 赛季才加盟 NBA，总共也就打了两个赛季。2008-2009 赛季，这支球队搬迁到俄克拉荷马城并更名为雷霆队的过程，把他给遗忘了。9 月 12 日，他与湖人队签约，10 月 10 日被弃用，就此告别了 NBA。有时候世界就是这么残酷。

也就是说，湖人队没有任何的变化。

🏆 超级绝杀季

再说说主人公——科比·布莱恩特吧。

2009-2010 赛季是他职业生涯的第 14 季，客观来说，此时的他在身体机能上正处于一个逐步下滑的趋势，不太可能再像过往几个赛季那样疯狂飙分。湖人队核心需要依仗队友更多的支援，好在大加索尔处于生涯巅峰，就连一直不被科比看好的安德鲁·拜纳姆也逐渐走向成熟，成为湖人队强大的内线支柱，"小鲨鱼"的名头越叫越响。这么说吧，大加索尔的表现有些超预期，自他加盟湖人队之后至 2011-2012 赛季，他每个赛季的胜利贡献值都排名全队第一，甚至压倒了科比，只是这种全能型球员的很多贡献是普通球迷看不到的。

尽管没有那么多超华丽的得分秀，但科比在 2009－2010 赛季还给球迷留下了许多经典回忆：共有 6 次绝杀表演，看得球迷如痴如醉。

这些绝杀画面中，最为经典的莫过于 2009 年 12 月 4 日科比空中飘移绝杀迈阿密热火队：热火队在常规比赛仅剩 3.2 秒的时候以 2 分领先，湖人队还有最后一攻的机会，科比在接到界外球后向中路运球，"闪电侠"贴身紧逼并没有给他太多的突破空间，眼看着比赛时间越来越少，在还剩 0.4 秒的时候，科比迎着韦德的防守，强行单脚起跳，在空中飘移的同时出手三分球，球划过了一道优美的弧线后打板入筐。108 ：107，湖人队上演了逆转。

毫不夸张地说，这应该算得上是科比职业生涯难度最大的一次绝杀，就连科比都承认，这是他最有运气的一个投篮。

科比说："我运球时感觉没有好的前进路线了。我当时感觉投不进，能投进这样的球感觉太棒了。如果是我想要的那种投篮方式，我会把握住。"

韦德坦言："如果你在赛前告诉我，科比最后用单脚起跳，向左飘移并且打板的方式投中三分球绝杀我们，那我也认了。"

阿泰斯特说："热火队想要防死他，我知道这是根本不可能的，他可是'黑曼巴'，你知道我的意思吗？"

要知道，这可是在韦德头上完成的绝杀——对科比更是意义重大。在 2008-2009 赛季，韦德刚刚打出了职业生涯最高光的个人状态，以场均 30.2 分拿下得分王，他与科比一起入选了最佳阵容第一队。也正是从那个赛季开始，不少观点认为韦德已经在挑战科比联盟第一得分后卫的宝座——至少，从个人数据来看韦德并不输给科比，二人实力在伯仲之间。

也正是因为有这样的论调存在，科比与韦德的直接对话才会嗥头十足，科比更不愿意输。**韦德在这场比赛中拿下 26 分、8 个篮板、9 次助攻，但 21 投只有 7 中；而科比 25 投 12 中，砍下 33 分、7 个篮板、3 次助攻、3 次抢断，毫无疑问，科比是这场高端对话的胜利者。**

这只是湖人队从 11 月中旬起 11 连胜的其中一场比赛，这波连胜的最后一场是 12 月 11 日对阵明尼苏达森林狼队，湖人队尽管拿下了胜利，但也付出了巨大的代价——

科比的手指意外受伤。

这个意外的插曲发生在首节的最后时刻，科比尝试断球时，不慎导致右手食指骨折，但他在下半场上演了"火线归来"，不顾队医反对缠着绷带坚持打完了比赛。"当时手指非常疼，但我只想带伤打比赛。接下来我只要习惯就好了，我会找到别的办法把球投进。"科比对自己的伤情轻描淡写。

"科比的技巧性十足，他总是能找到控制比赛的办法。"拉马尔·奥多姆说道，"我对他带伤上场一点儿都不感到意外，就像他的手指没有受伤一样。科比能非常熟练地切换左右手，我从来没有看见过科比因为伤情而受到困扰。"

就在科比手指受伤后的第一场比赛中，湖人队输给了犹他爵士队，导致 11 连胜终结。这场比赛，科比 24 投 7 中，只得到 16 分，赛后没接受任何媒体的采访。

科比不能忍受球队的 2 连败，尽管骨折的食指依然肿胀。

12 月 15 日客场对阵芝加哥公牛队，科比在迈克尔·乔丹曾经奋斗过的球场上 26 投 15 中，砍下 42 分，带领湖人队取胜。要知道，科比受伤的手指还戴着夹板，赛前还因为食物中毒而引发了胃痛。这样的表现，连公牛队主场的球迷都为科比的精神所感动，齐声高喊"MVP！"以向他致敬。

负责防守科比的柯克·辛里奇赛后坦言："真的，我觉得我防他已经没什么可挑剔的了。如果让我重新来，我也就防成那样了。该做的、能做的，我都做了。但大多数时候，这些对他来说都不够，他还是能把球投进。"

阿泰斯特则半开玩笑地说："他是最棒的，毫无疑问。我这几天都不敢问他的伤势，因为我害怕会被他掐死。科比就是这样的人，你不能问他的伤势如何，他讨厌你问这个。"

就在手指受伤后的第 5 天，在与密尔沃基雄鹿队的比赛中，科比再度送出压哨绝杀：在这场与湖人队的客场对决中，双方拼到加时赛才分出了胜负，当还剩下 5.6 秒时，雄鹿队领先 1 分，科比执行湖人队的最后一攻，他接到奥多姆的后场发球后迅速推进，面对查理·贝尔的贴身防守，科比在 45 度角干拔后仰跳投，在哨响的同时，球空心入筐，科比再度上演绝杀，湖人队以 107∶106 惊险胜出。

更恐怖的是，科比全场砍下的 39 分中，有 27 分都是在关键的第 4 节以及加时赛所得，尽显杀手本色。

原本，科比在常规比赛时间的最后时刻也有终结比赛的机会，但他失手了，然而，他没有错过加时赛中的机会。"第一次机会真的非常好，可惜没能把握住。加时赛的那个球几乎是在同样角度，很高兴抓住了这次机会。"科比如是说。

科比的绝杀根本停不下来！2010年1月1日，绝杀大戏再度上演，这次成为背景帝的则是萨克拉门托国王队。科比所要挑战的难度比对阵雄鹿队时大得多，尽管湖人队是主场作战，但最多时落后了20分，科比下半场力挽狂澜扭转了战局。比赛还剩下最后的4.1秒，湖人队落后2分。这时候湖人队有两种选择：一是投稳妥的两分球进加时，二是冒险投三分球杀死比赛，科比把后者变成了现实。科比接到大加索尔弧顶传球，并在接球的同时顶开了跟防的塞尔吉奥·罗德里格斯，站在三分线外且面前一片大空档，没有丝毫的犹豫，他用一个极其优雅的动作把球投出，球空心入网，第3次压哨绝杀！湖人队以109∶108完成大逆转，国王队的球员呆若木鸡，他们无法接受以这样的方式输掉比赛。

"看上去他们准备区域防守，把注意力都集中在界外球上，这一侧完全被放空了。"科比的解释非常轻松。

至此，在过去的这10场比赛中，科比场均35.7分。

1月21日，科比在对阵克利夫兰骑士队的比赛中得到了31分，从而超越了威尔特·张伯伦，在31岁151天成为NBA历史上最年轻的25000分先生。他也是历史上第15位得分跨入25000分大关的球员，这个纪录，直到2015年11月2日才被本场比赛的对手——勒布朗·詹姆斯打破。略有不爽的是湖人队以87∶93输了，主要是因为詹姆斯砍下了37分、5个篮板、9次助攻。

2月1日，湖人队客场挑战波士顿凯尔特人队，对于科比来说，这是一场完全无须任何动员的比赛，每次与"绿衫军"交手，科比总能打出120%的能量。在科比与"绿衫军"的众多交锋记录中，这也是一场经典之战。

对阵凯尔特人队，意味着科比又要面对全场疯狂的围剿，这场也不例外，但依然不能阻止科比：最后时刻湖人队依旧落后1分，而此时科比一共只得到了 17 分，如果换作其他球队，这也许只是单节得分。最后一攻仍由科比执行，凯尔特人队采取了用雷·阿伦单防的策略，这更激发了科比的斗志，面对雷·阿伦的防守，科比运球连续做假动作后，用标志性的后仰跳投把球投进，凭借着科比的这一球，湖人队以 90 ： 89 带走客场胜利，科比的绝杀纪录上又多了一笔：第 4 次。

"科比之前有过几次非常好的机会，但都没有投进，所以我们比较困扰。他说他'下一球肯定能进'，所以我们就把球交给他。""禅师"解释道。

"我没说'再多给我一次机会'，我是说'把该死的球给我'。我不会给他太多选择。"科比的回应霸气十足。

隔日，背靠背，连续 8 个客场的收官战是对阵孟菲斯灰熊队，科比得分就轻松多了，他全场狂砍 44 分，从而超越杰里·韦斯特成为湖人队队史的得分王。"这是一项伟大的荣誉。当我 17 岁的时候，杰里·韦斯特先生就教会了我许多，他向我展示了许多技巧，比如跳投、转身过人等招式。"赛后的科比侃侃而谈，"虽然我的得分超过了韦斯特，但我们并不分彼此，这也包括了'魔术师'以及其他湖人队前辈。"这个在科比个人史上具有里程碑意义的日子是 2010 年 2 月 1 日，但除了罗恩·阿泰斯特得到 18 分外，其他队友都不给力，湖人队以 93 ： 95 惜败，在最后的 47.3 秒里科比独得 5 分，但这次，压哨逆转绝杀的三分球机会阴错阳差转到了全场 9 投 6 中的阿泰斯特手中，结果，这个"最艺术"的家伙投失了。

此后，科比因为脚踝伤势缺席了 5 场比赛，他也因此错过了主场与"绿衫军"的再度较量，而缺少了科比的湖人队最终以 1 分惜败，未能实现连续两个赛季对凯尔特人队的常规赛双杀。不过在没有科比的情况下只输了 1 分，对于湖人队来说也是完全可以接受的结果。

科比复出后的第一场比赛又是灰熊队。对，可怜的孟菲斯灰熊队，上次是在自己的主场成就科比的里程碑，这次 2 月 23 日又是在自己的主场，被科比完成了开季以来的第 5 次绝杀。

此外，本场比赛之于科比，还有着一层非常特殊的意义，因为这是他职业生涯第 1000 场常规赛，从而超越了凯文·加内特，成为 NBA 历史最年轻的"1000 场球员"。

在这里，又要补叙一下灰熊队了，加索尔兄弟跟科比以及湖人队之间的关系实在过于微妙。话说大加索尔于 2007-2008 赛季中途走了，当年夏天，灰熊队通过选秀以及交易，得到了当时尚能与德里克·罗斯竞争最佳新秀的 O.J. 梅奥而损失了凯文·勒夫，小加索尔终于亮相，并在自己的"新秀赛季"场均贡献 11.9 分、7.4 个篮板，但球队战绩只有可怜的 24 胜 58 负，将"阴谋论"坐实。于是，在赛季后程换了主教练，莱昂内尔·霍林斯走马上任，但当年夏天的选秀他们又用 2 号签选中了一个离谱的球员哈希姆·塔比特，令"2 号诅咒"的规律得以延续下来。好在一系列的错误过后，他们尚能将功补过、亡羊补牢，2009 年 7 月 17 日换来了人人唾弃的扎克·兰多夫，不想他在孟菲斯洗心革面，重新做人。而小加索尔也不断成长，NBA 生涯第 2 个赛季的场均数据涨至 14.6 分、9.3 个篮板、2.4 次助攻，而且以防守见长，以至兄弟相逢的时候"禅师"得了便宜还卖乖，说当初那笔被定性为"惊天大阴谋"的交易是湖人队吃亏了。自此，"黑白双熊"慢慢成形，灰熊队也走上康庄大道，从 2009-2010 赛季开始一直是季后赛球队，并且经常给强队造成麻烦。

回到这场比赛，场外话题又是加索尔兄弟，但在球场内焦点却是科比·布莱恩特：湖人队在比赛最后时刻落后 2 分，大加索尔为科比做掩护，科比利用掩护穿梭到三分线外，奥多姆的传球第一时间送到，科比干拔跳投，灰熊队球员再跟上防守为时已晚，手起，球落，湖人队凭借这记终场前 4.3 秒的三分球以 99 ： 98 力克灰熊队，使得科比又顾影自傲了一回。

"这是只有好莱坞才有的剧情，非常有趣，在关键时刻进球是我的职责，我很享受这一切。"

一般而言，伤愈复出难免要经历一段时间的手感挣扎期，科比也不例外，但他仍有办法杀伤对手。3月2日，主场对阵印第安纳步行者队，科比14投5中，进攻效率并不理想，但他获得了15次罚球机会，与步行者队全队罚球数打平。结果是，他总共砍得24分，帮助湖人队以122∶99大胜。而他在赛后谈论罚球时的那种自信，我至今都记忆犹新。

从更衣室出来，当科比出现在记者面前的时候，一件黑色的皮夹克、一条黑色的牛仔裤，外加一双黑色的滑板鞋，仿佛一条充满毒性的"黑曼巴"来了。

"我一点儿也不挑剔，"科比面带微笑，一脸轻松，"其实今晚我得到了不少空档，只是没投进而已。不过没关系，我不是不停地罚球吗？罚了15次。上次我在一场比赛里罚这么多球是什么时候？连我自己都不知道了。"

一周之后，3月9日，科比又在对阵多伦多猛龙队的比赛中送出了2009-2010赛季的第6记绝杀。这次，客观地说，其难度与压力比以往都要小些：比赛结束前9.5秒，湖人队与猛龙队战平——即使绝杀失手，湖人队也有机会打加时赛。最后一攻由科比操刀，他在接到大加索尔的传球后马上吸引了双人包夹，但科比并不慌张，也不急于出手，而是运球向底线游走，在接近底线的位置投出了标志性的后仰跳投，球空心入网，湖人队109∶107胜出！多伦多猛龙队又一次成了科比表演进球秀的背景。

"这就是我在这里的责任，为一切画上休止符。"科比耸耸肩。

"科比执行绝杀，这已经不是什么秘密。我们都已经预见到了这会发生，今晚我们已经有两人上前去防守他，但他还是投进了。"猛龙队主帅杰伊·特里亚诺无奈地表示。

虽然投进绝杀，但科比并不开心，他想要的、想看到的是球队的努力，而并非因为松懈直到最后一刻才靠关键球过关。"如果从努力程度上来说，今晚简直就是垃圾。"赛后的科比很久才从理疗室出来，一件白衬衣外套着一身浅色格子西服。"垃圾"，科比用到了这个词，我当然能够想象到他的心情了。

记得说这些话的时候科比直视着前方，脸上没有任何表情。由于他用了"垃圾"这个词来形容球队的努力程度，所以在场的媒体也不敢再多追问有关这方面的问题。"科比，说说积极的一面吧，"一个洛杉矶当地记者打破僵局，"从这场胜利里得到了哪些积极的东西？"

"None。"

一个词，科比否定了一切。可以明显看得出来，科比确实不高兴，甚至有点耍脾气式的较劲。因为积极的东西当然不会是"None"，起码湖人队终止了尴尬的3连败。但在主场只赢猛龙队2分，全场几乎处在被动挨打的境地，科比如此不高兴也确实可以理解。科比想要的是团队胜利，而并非只专注于个人发挥。

MAMBA
FOREVER

🏆 交易否决权

湖人队不稳定，好在他们有科比带动。科比精彩绝伦的表现赢得了赞誉，也赢得了大合同。4月2日，洛杉矶湖人队正式与科比·布莱恩特提前续约，这份合同为期3年，总价值接近9000万美元。"一位球员整个职业生涯只为一支球队效力，这非常罕见，所以我真的非常兴奋。"科比表示。根据合同，科比在2011-2012赛季工资为2740万美元，最后两个赛季分别为3020万美元、3200万美元，在这份合同结束后他也将是35岁。

在这份合同中，还有一个特别引人注意的地方，便是科比·布莱恩特的交易否决权也得以延续。

当时，有人认为这是科比职业生涯的最后一份合同，而且就连科比自己也没有任何的把握，但事实上，他的职业生涯还是比预期要更长。"我们非常高兴能在这个时间点与科比达成协议。"库普切克总经理说，"科比是球队过去10年的基石，率领球队四夺总冠军，他也成了史上最伟大的球员之一。"提前续约后的科比心情大好，谈及合同，每说一句话脸上几乎都带着笑容。

"我想我和湖人队都比较懒吧，哈哈，这件事我们两方都没有去抓紧，所以一直拖到了现在。不过，我们都明白在季后赛开始之前解决好合同是多么有必要。现在好了，一切都尘埃落定了。"

"确实，不是很多人都能在一个球队度过自己整个的职业生涯，而这份新合同从很大程度上讲，已经确保了我会在湖人队结束我的职业生涯。这种感觉非常美妙。"

由于科比自从1996年进入NBA联盟以来就一直为湖人队效力，他是否会成为历史上最伟大的湖人队球员的话题也被提上了台面。对此，科比抿着嘴一笑，继续平淡面对。

"关于这一点我更没有答案了，因为湖人队历史上有太多伟大

的球员。如果说其中的哪一个是最伟大的，这首先就是对其他球员的不公平。不过如果我想在这些伟大的湖人队球员里领跑，我能做的就是，在这几年里继续带领湖人队赢得更多的总冠军奖杯。"

之前，有媒体爆料说，科比可能会选择在 2009–2010 赛季结束后跳出最后 1 年的合同而试水自由市场（注：科比拥有 2010–2011 赛季的球员选项），但他自己并不承认。

"不，我从来都没想过跳出合同。我知道我将与湖人队续约，虽然我不确定新合同哪天可以搞定，但我从没想过离开湖人队。"

MAMBA
FOREVER

🏆 "小鲨鱼"

在这之前的两个赛季的常规赛季，科比·布莱恩特都保持了全勤，出战 82 场，而在 2009-2010 赛季，他受到了不少伤病的困扰，主要是膝盖与手指的伤势，一共缺席了 9 场比赛，尤其是常规赛最后 5 场比赛他有 4 场都高挂免战牌。

这样，洛杉矶湖人队只是打出了 57 胜 25 负的战绩，69.5% 的胜率对于湖人队来说只能是差强人意，虽然拿到了西部冠军，但战绩落后于东部前两名的克利夫兰骑士队与奥兰多魔术队：他们的战绩分别是 61 胜 21 负、59 胜 23 负，胜率分别是 74.4%、72.0%。也就是说，如果总决赛与他们遭遇的话，湖人队将失去主场优势。但不得不说，2009-2010 赛季的湖人队在季后赛中的运气确实不错……这是后话，而且也有实力的成分在其内，暂不多讨论了。

在阵容方面，湖人队的最大收获自然是安德鲁·拜纳姆的成长，他打出了自进入 NBA 以来的最佳表现，场均 15.0 分、8.3 个篮板、1.4 个盖帽，投篮命中率高达 57.0%。由此，拜纳姆也成了湖人队得以信赖的内线攻击点，并且提升了湖人队的三秒区防守强度，让湖人队内线不再成为对手予取予求的 "ATM 机"。另一个收获是保罗·加索尔，他的得分略有下降，但篮板球职业生涯首次达到两位数，而且是场均 11.3 个。正是由于 "小鲨鱼" 和加索尔的成长，湖人队能够打出令人羡慕的三高战术，"安德鲁·拜纳姆 + 保罗·加索尔 + 拉马尔·奥多姆"，这样的锋线配置，这样的海拔高度，全联盟没有哪支球队能与他们相媲美。

在个人荣誉方面，科比·布莱恩特入选了最佳阵容第一队和最佳防守阵容第一队，在 MVP 投票中排名第三，落后于勒布朗·詹姆斯与凯文·杜兰特。32 岁的科比尽管还能捍卫自己第一得分后卫的荣誉，但与詹姆斯、杜兰特这些当打之年的后辈相比，他已经能够深深地感受到危机：2009-2010 赛季也是詹姆斯连续第 2 次拿下 MVP，从联盟第一人的角度来看，他自然比"黑曼巴"更具说服力。就连科比一向最为拿手的得分——场均 27.0 分，也只能排名第四，落后于凯文·杜兰特、勒布朗·詹姆斯和卡梅隆·安东尼。

不过，好在年轻力量尚无法威胁到科比在季后赛中的强势，毕竟这儿还是联盟那些老家伙的地盘，"黑曼巴"有信心在季后赛捍卫自己的尊严。

MAMBA FOREVER

🏆 击退青年军

　　季后赛首轮面对的就是掀起青春风暴的俄克拉荷马城雷霆队。这轮系列赛，被解读为联盟新旧势力的一次直接对话，但接下来，残酷的事实证明青年军要想取代老同志的地位还需假以时日。

　　这支雷霆队队已经拥有了凯文·杜兰特、拉塞尔·韦斯布鲁克、詹姆斯·哈登的基本骨架，其中，哈登是第六人，这个组合被中国球迷称之为"雷霆三少"，其他的首发球员，小前锋杰夫·格林是2007年的5号新秀，得分后卫塞弗·萨弗洛沙是防守悍将，白人中锋内纳德·克里斯蒂也年轻，才26岁。首场比赛在4月18日正式打响，一开场就被双方演绎成了打铁战，湖人队为了季后赛而准备的防守大杀器罗恩·阿泰斯特终于能够派上用场，全场对杜兰特死缠烂打，迫使他整场比赛24投仅有7中；虽然科比19投7中的效率也低得可怜，但大加索尔和拜纳姆的内线双塔都贡献了"两双"。雷霆队的特质注定了他们很难在低比分的绞杀中存活，首场他们就以79：87落败。

　　次战，杜兰特与科比的手感神同步地复苏，前者砍下32分，而后者更是狂轰39分。大加索尔再次扮演了雷霆队内线克星的角色，得到"两双"，25分、12个篮板。雷霆队内线与湖人队完全不在一个级别，只得以92：95再吞败果。

　　回到主场的雷霆队连续找回了进攻的感觉，两场比赛场均得到105.5分——一旦让雷霆队得分破百，就很难阻止他们赢球。科比两场场均不过18分，只能无奈看着雷霆队把总比分扳成2：2。

　　湖人队在天王山之战中占据了压倒性优势，他们再度打出了令人窒息的防守，迫使雷霆队全场命中率只有36.9%，杜兰特和韦斯布鲁克加起来只得到了32分，在这样的情况下，雷霆队再想赢球只能是天方夜谭。而大加索尔和拜纳姆的组合第5次主导了战局——即使是输掉的第3场、第4场，他们这对组合也还是赢了——分别砍下25分11个篮板、21 分 11 个篮板，有效弥补了科比 9 投 4 中仅得 13 分的缺失，以 111：87 大胜对手，再次拿到系列赛的赛点。

背水一战的雷霆队回到自己的主场做垂死挣扎，杜兰特 23 投 5 中，韦斯布鲁克 20 投 7 中，即便如此，他们硬是把比赛打到了最后的决战时刻。甚至终场前 17.8 秒时，雷霆队依然领先 1 分，而在还剩 1.8 秒的时候，科比的最后一攻是跳投失手，但在仅剩 0.5 秒的时候大加索尔补篮中的，雷霆队无力回天，最终，只能眼看湖人队在俄克拉荷马城以 95：94 惊险胜出，以 4：2 挺进西部半决赛。

"你俩实在太'烦人'了！我真高兴我终于甩掉你们了！"

这是终场哨响起后，科比过来拥抱杜兰特和韦斯布鲁克时说的话。但就这么一句听起来有些刺耳的话，却是科比对他俩的至高赞美。

"他们逼得我们更强，真的。"赛后的媒体发布会上，科比坐在大加索尔左边，用左手托着自己的左半边脸，表情严肃，丝毫看不出淘汰对手的喜悦，哪怕是一点点。"也许每经过一轮系列赛我们都试图从中学到东西然后变得更强，但这一轮，是他们逼的。"科比用了"force"这个单词，而且连说了两遍。

"他们（雷霆队）可能是我们今年季后赛里遇到的运动能力最强的球队，包括了之后可能遇到的对手。"这是科比在终结了雷霆队后对他们的评价，"不过尽管他们的运动能力超强而且之前在这里也靠速度摧毁了我们，但总的来说，我们的防守还是不错的。"科比说这话时仍然略微皱着眉头，就好像湖人队才是刚刚输球的那支队伍。而科比的预言也没有错，一方面，尽管 2009-2010 赛季是雷霆队首次打进季后赛，但自此以后直到今天，尽管经历了詹姆斯·哈登拍屁股走人而导致"三少"变"二少"、雷吉·杰克逊负气出走、凯文·杜兰特反复受伤、"二少"不和谐、主教练斯科特·布鲁克斯被解聘等系列事件，但他们越战越勇，2011-2012 赛季杀进了总决赛，2015-2016 赛季又在西部决赛中差点儿将金州勇士队挑落马下，他们依靠的就是"少爷"们出色的运动能力；另一方面，在挺进总决赛之前，湖人队确实没有遇到更强有力的阻拦，更别说运动能力更强的球队了。

借此机会，也写写俄克拉荷马城。

我跟队采访这轮系列赛，才对这座城市以及球迷有了很深的理解。我的确喜欢在美国的各个城市转悠，尤其是从事工作的核心——NBA球队所在的城市：30支球队、30座城市，我算是走遍了。很多城市是一遍又一遍，10多遍、20多遍，甚至更多。说到本职工作，**所有球队的主场球迷中最粗野的当属底特律，而最狂热的当属俄克拉荷马城**。

俄克拉荷马城几年前曾经是黄蜂队的半个主场，那年，黄蜂队的比赛有一半在新奥尔良打，一半就在这里打。后来新奥尔良重建成功，黄蜂队自然就搬回去了。而之后超音速队决定离开西雅图时选城市，就是看中了俄克拉荷马城的篮球氛围。

"这里的球迷是世界上最疯狂的，"凯文·杜兰特说，"我不知道我们的球迷是怎么做到如此疯狂的，但他们确实做到了。"

来之前我的理解是，球迷嘛，只要能到球场大声嚷嚷、支持自己的球队就算铁杆了。而且多数NBA城市的球迷也都能做到这一点。但来到雷霆队主场，球迷的阵势确实让我为之一惊，同时也颠覆了我对"铁杆球迷"的理解与定义。

首先，真正疯狂的铁杆球迷要团结。这一点俄克拉荷马城的球迷做得很到位。季后赛的所有场次，球迷进场时都可以免费领到一件蓝色T恤，前面印着"Let's Go Thunder"的字样。而且球馆里几乎所有的设施都是蓝色的，所以从远看去就是一片蓝色的海洋，如同你们在电视上看到的一样。

但这并不新鲜，很多球队都有季后赛免费发T恤的习惯，球场里看颜色也不是雷霆队的首创，比如，迈阿密热火队一片红、洛杉矶湖人队一片黄。不过，在福特中心看的这片蓝是如此整齐，却是少见。

为检验蓝的精确度，我特意在一场比赛中绕场走一圈，只看到3个人没穿这件T恤：其中一个是杜兰特的妈妈，她的T恤外面套了一件自己儿子的球衣；另一个人更没有穿的理由，因为他是湖人队总经理米奇·库普切克；至于第3个，干脆连上衣都没穿，因为他是雷霆最著名的狂热粉丝——"牛魔王"。

比赛还没开始，"Beat LA！"的喊声就响彻全场。球迷们挥舞着手里的白毛巾，非常整齐地大喊着这句口号。而跳球后雷霆队的球迷没有一人坐下，这个也不新鲜，因为很多球馆都有这样的习惯——开场时主队得分后球迷才会坐下。开场两分钟后，雷霆队中锋进球了，我本以为全场两万人要坐下了，但所有人还是站着齐声大喊"Defense！"，一会儿喊"Beat LA！"，直到第一个暂停的时候所有球迷才陆续坐下，但第一节结束前所有人又都站起来了……

"难以置信，实在难以置信。"这是不少湖人队球员对于雷霆队球迷的共同评价。连当时的湖人队主帅菲尔·杰克逊都说，希望斯台普斯中心的球迷也能向雷霆队的球迷看齐。

这样的投入，这样的热情，如果身在其中很难不被感染。果然，第6战的最后时刻雷霆队的一波10：0让福特中心的所有人看到了希望，震耳欲聋的分贝在我印象里只有当年的奥本山宫殿球馆可以匹敌。而当拉塞尔·韦斯布鲁克最后的搏命三分球不中后，这些已经站立好久的球迷先是一声长长的叹息，但瞬间就变成了雷鸣般的掌声。这掌声不是送给湖人队祝贺他们成功晋级，而是送给雷霆队——他们心中的英雄。这持续好久的掌声里有感谢，也有肯定，更有支持！

很多球迷哭得稀里哗啦，一个球迷举着牌子，上面写道："Thunder，No matter what，We proud of you！"（注："雷霆队，无论怎样，我们都为你们感到骄傲！"）可见，这些球迷已经做好了他们的球队被淘汰的准备。

第2年，雷霆队在主场淘汰湖人队，我又去了，球迷的狂热程度更是可想而知，再加上拉赛尔·韦斯布鲁克向来善于调动球迷情绪，这轮系列赛，雷霆队主场震耳欲聋的声音甚至迫使我戴上了耳塞。

🏆 横扫爵士

高兴也罢，不高兴也罢，赢了俄克拉荷马雷霆队之后，一切都烟消云散了。西部半决赛遇到的又是可怜的犹他爵士队，在"犹他双煞"过后，这支重建并崛起的球队在自己的鼎盛期，每年季后赛必碰到更加鼎盛的湖人队，这运气简直是糟到不能再糟了。这次，爵士队在西部首轮就与丹佛掘金队拼得两败俱伤，尽管以 4∶2 胜出，但正所谓"杀敌一千，自损八百"，擅投三分球的内线支柱梅米特·奥库报销，再加上当时已经半残的安德烈·基里连科，几乎未战之前就已经折了半壁江山。

原本实力就弱了一截，再这么一折腾，结局可想而知。

缺少了奥库的爵士队内线只剩卡洛斯·布泽尔，结果是被湖人队的"内线三高"虐得死去活来，"安德鲁·拜纳姆＋保罗·加索尔＋拉马尔·奥多姆"场均就能抢下 33.3 个篮板；他们的外线只剩德隆·威廉姆斯，防守也缺乏对科比的足够遏制，即便基里连科在爵士队 0∶2 落后的情况下火线复出也无济于事，根本无法阻挡湖人队前进的铁蹄。

即便如此，我还是决定去客场采访。

之前我就知道犹他是摩门教的发源地，有一个咸得有点发臭的盐水湖，再加一个传说中的魔鬼主场。老实说，以这样的了解我对这里的印象并不算好，因为也听说过摩门教是邪教的说法，再加上对犹他爵士队这支球队也不感冒，所以，一直没有产生去看看这座城市的欲望。

出发前我查了地图，决定开车直奔盐湖城。从洛杉矶出来沿着 15 号公路一直往东北方向开，4 小时后开到了拉斯维加斯，穿城而过再连开 7 小时，就算驶入了盐湖城的地界。

记得到达盐湖城已经是半夜了，从车里走出来，一抬头还是小小地惊讶了：不知是因为这里地处高原离天空比较近，还是这里空气太好，满天的星星多得数不过来，就像是近在咫尺。

抵达前，一路驶来我发现，进入犹他州的地界后，窗外远处有一大片白白的东西，但半夜看不清楚，我以为是云。在旅馆睡到第二天的大白天，打开房门的那一刻，我才发现，原来昨晚看到的竟然是绵延不断的雪山——这时，已经是 5 月中上旬了啊！

开车去摩门教徒的聚集地坦普广场转转，但汽车底盘的一块胶皮开始作祟。一路颠簸让这块胶皮一半拖在地上，一半挂在底盘上，我既揪不下来，也推不上去，为了不把宝贵的白天都浪费在修车上，我只能到旅馆前台求助。

"没问题，我们有人可以帮助你，你等一下啊。"前台的回答又让我惊讶了，因为我在求助时本来就没抱太大希望，毕竟，这里是旅馆而不是修车厂。结果，1 分钟不到，一个穿着白色 T 恤的大叔走到我的面前，非常客气地问我汽车怎么了。我把他带到车前，他看到了那块拖在地上的胶皮，还没等我解释就马上仰面躺在地上，然后钻进车底。稀里哗啦折腾一通后，他带着两大块黑色的胶皮钻了出来，从地上爬起来说："全好了！我把它揪下来了。"

在洛杉矶，如果有人这样帮忙，你最少也要给他 10 美元作为小费——万一哪次你忘了给，他们会站在你面前不动以提醒你。但眼前的这位大叔跟我握了手后说："祝你今天愉快。"然后就转身走了。我的左手还在掏钱包；而他留给我的，只有一个厚实的白色 T 恤衫上沾着污渍的背影。

身为记者，我接触的人越来越多，而我也逐渐发现：盐湖城人的诚恳和友善是全球范围的美德。无论是问路还是在参观教堂遇到的"义务导游"，每个人都是那么热情、友好，而且朴实。

5 月中上旬的盐湖城气候适中，喜欢凉爽的人只要在阴凉下就会感受到阵阵微风，即使你走在太阳下也不会有洛杉矶那种暴晒难耐的感觉。在教堂的房顶上，那个"义务导游"知道我是为比赛而来后，一指不远处的方方正正的建筑物，说："嘿，那里就是爵士队的主场能源方案球馆。一会儿你要去那里，对吧？"

　　没错，那正是我要去的地方。那地方，之前叫三角中心球馆，见证了"犹他双煞"所代表的爵士队的高光时刻，毫不意外，更名后的球馆在侧门赫然立着两座铜像：一个是卡尔·马龙，一个是约翰·斯托克顿。我站在两尊伟大人物的铜像中间，请一个球迷帮我照相。是的，我从没对犹他爵士队感冒过，甚至也从没喜欢过当年的"犹他双煞"，但我尊重他们在盐湖城乃至整个 NBA 的历史地位。

　　走到正门口，好像从古代回到了现代一样：德隆·威廉姆斯与卡洛斯·布泽尔的巨型招贴画挂满了球馆的整面墙，很快，湖人队众将就要面对他们的挑战了。

　　走进能源方案球馆，第一感觉就是"紧凑"，如果拿来与斯台普斯中心相比，这里是小了很多、矮了很多。但是，能容纳的人数却相差不大，因为能源方案球馆的座椅设计要比斯台普斯中心紧凑得多。而这也就直接导致了"聚集声音"的能力超强——魔鬼主场大约就是这么来的吧。

　　一到介绍出场阵容的时候，我马上就把爵士队主场的气氛列为迄今为止我见识过的前三名：所有球迷边喊边敲打着一个在大门口领的折叠硬壳纸，再加一个恨不得把顶棚掀翻的"DJ"——难怪，当年来这里的球队往往凶多吉少。"只有他们（爵士队）自己能适应这种分贝的声音。"这是一名犹他当地记者对我的解释。球迷的狂热不只在场内能体会，就是去上厕所你也能感受到他们的疯狂：卫生间里的众多球迷中突然出现了一个身穿科比球衣的"异类"，旁边的人就开始说："湖人队？"在这里，根本就没人知道什么是湖人队，就算知道也是盐湖人队（注：英语单词是 Salt lakers）——刚才在场外感受到的犹他人民的友好与朴实，我在这个卫生间里完全找不到了。而那位身穿科比24 号球衣的球迷，一看寡不敌众，只能溜之大吉……

　　但比赛就是比赛，在这样的狂热氛围中，有了基里连科的复出，第 3 场虽然坚持到了最后，但依然逃不脱科比和费舍尔连续的夺命三分球，110：111，又输了。第 4 战，屠城。**科比则是大杀四方，场均**

32.0 分、5.8 个篮板、3.8 个助攻，投篮命中率高达 52.3%，率领湖人队上演了横扫。于我则是要感谢这里遇到的每个人，他们让我见识了"双面"的盐湖城，也让我开始逐渐喜欢上这座城市。

接下来他们将在西部决赛中面对菲尼克斯太阳队。但非常意外的是，湖人队横扫爵士队的过程和结果并没有让科比高兴起来。不但没高兴起来，而且他居然还在盐湖城举办的赛后新闻发布会上急了，就因为一个无辜的记者提了一句**太阳队。**

其实，在横扫爵士队后，大家难免会问湖人队众将关于太阳队的话题。主教练菲尔·杰克逊，球员大加索尔、奥多姆、阿泰斯特和拜纳姆，几乎每个人都会很自然地说说对下一轮的看法与展望。但当那名记者在台下问科比"你怎么看待下一轮打太阳队"这个如此正常的问题时，却惹怒了台上的科比。

"你说呢？"他瞪着这个记者回道。

后者很无辜："我是在问你呀……"

"你已经知道答案了。"科比用非常不耐烦甚至是厌恶的口气说。

这样的场景，在我采访科比的过程中看得不多。其实，横扫爵士队后，几乎球队的所有人都显得很轻松，一种如释重负的感觉。就连菲尔·杰克逊进入发布会现场后都笑眯眯地和记者开玩笑。只有科比，还是阴沉着脸。结果，在科比把那个倒霉记者撅回去后，都没有人再敢问他问题。由于时间还没到，湖人队公关约翰·布莱克说："大家还可以提两个问题。"

但台下所有人都面面相觑，没人敢举手。布莱克一看，都傻了，因为台上坐的可是刚刚横扫掉爵士队的科比和大加索尔。平时都是问问题的时间不够，这次居然没人再举手，于是发布会只能在这种略显尴尬的气氛中结束。

🏆 快意复仇

一切的原因，只是因为那个记者提到了一个名字：太阳队。

从表面看这是非常奇怪的，在客场赢下第 3 场比赛后，科比心情还大好呢，甚至与"敌人"——卡洛斯·布泽尔的小孩逗了半天，又与布泽尔勾肩搭背……但在实现横扫后，他却没有了那份应该有的喜悦，只有一张阴沉的、没有表情的脸。这也难怪那个记者不理解，在大加索尔和科比离开发布会现场后，这位老兄转过身来，对着周围的同行双手一摊，意思是：

我说错什么了吗？不就是问问太阳队吗？

对，他根本没说错什么。只能说"黑曼巴"是一个记仇的人。他有时不把比赛看作两支球队之间的事情，他觉得谁淘汰了他的球队，就等于淘汰了他自己。所以面对曾经连续两次淘汰湖人队的太阳队，他一听就炸了。5 月 17 日，西部决赛正式打响，正所谓"君子报仇，十年不晚"，这次，总算让科比等到了复仇良机：前面提及"大鲨鱼"的离开，好在迈克·德安东尼被解聘后，经过特里·波特不成功的过渡后，再上任的老帅阿尔文·金特里留任。之后的夏天，管理层也没什么大动作，只是签下了自由球员钱宁·弗莱，一位大个子三分球投手，经过化学反应，一帮老将在史蒂夫·纳什的率领下，在常规赛季打出惊人的 54 胜 28 负，季后赛历程和湖人队类似，先是比较艰难地以 4：2 淘汰波特兰开拓者队，后是横扫圣安东尼奥马刺队，这样的状态与湖人队相遇，没人觉得他们能赢，但担心他们会给湖人队制造麻烦。

首战科比嗜血狂暴，打出了 40 分、5 个篮板、5 次助攻的全能数据，湖人队以 128：107 大获全胜。

"我们换谁去防他，效果都一样。比如说第一节末尾他的那个压哨球吧，我们已经派两个人去防了，有用吗？"

这是太阳队金特里赛后对科比的评价。但鲜为人知的是，科比的膝盖抽过积水，一度令洛杉矶的记者十分担心，但科比表示，西部决赛之前的一个星期的休息时间帮了大忙，已经通过特别训练将身体状态调整到位了。

"我的腿在这一周得到足够的照顾，这也正是我需要的用来恢复体力的时间，让我的上身更强壮。我虽然没有做很多场地训练，但我还是做了不少器械训练。"

"对我，这就是我个人的羞耻，"首战大捷，科比终于解释了他对菲尼克斯太阳队的仇恨，"我不能忍受我们在两年的季后赛输给同一个对手。我真的不能忍受。我并不恨菲尼克斯太阳队，但我痛恨失败。"

论及战术，尽管太阳队一度是炮轰战术的引领者，但现在，在迈克·德安东尼去位、阿尔文·金特里接位后，和他们对阵就一个字：快。因为他们都老了，而且金特里改进了防守，必然会牺牲进攻。超快节奏带来的就是季后赛中所不多见的高比分。次战，湖人队依然是以攻对攻，以彼之道还以彼身，只是科比扮演起了助攻者的角色，全场贡献 21 分、13 次助攻——13 次助攻，创下了他季后赛的助攻历史纪录，也是"魔术师"之后湖人队球员在季后赛的单场助攻纪录。湖人队以 124 ：112 再赢，总比分是 2 ： 0。

现在，我又得从洛杉矶开车去菲尼克斯了。

菲尼克斯，又名"凤凰城"，一座美国人民在沙漠中建立起来的城市，之前，我也曾来过一次，也曾领教过沙漠气候。**_但这次，一个感觉，还是热。_**

从洛杉矶沿着 10 号公路开，一路向东，盘表显示车外温度越来越高，最终，在接近菲尼克斯时突破了 100——当然，这不是摄氏度，否则所有东西早就化了。100 华氏度换算成摄氏度也将近 38°C，但更令人恐怖的是，相比于菲尼克斯那毒辣的太阳队，38°C 并不可怕。

还有两个路口就到我住的旅馆了，我停下来等红灯的时候差点儿被眼前的一幕吓着：就在我的车前，一只鸟居然蹦跳着横穿马路，而且它的嘴两端耷拉着一条胡须般的东西。我本来以为这是一种长着胡子的怪鸟，但仔细一看，马上起了一身鸡皮疙瘩：那看似胡须的东西居然是一只活蜥蜴！

蜥蜴虽然被咬住了，身子动弹不得，但眼睛还睁得圆圆的，尾巴也在不停扭动。估计这鸟是叼着蜥蜴回家喂孩子，它也不飞，看准了两边都没车后就一蹦一蹦地过马路；当它停在路中间的隔离带时，我面前的红灯变绿了，我开了过去，却忍不住继续回头看着那只鸟和蜥蜴——果然是沙漠中的城市，就是有沙漠特色！

停好车后在往旅馆大门口走的路上，居然看见很多只刚才鸟嘴里的那种蜥蜴，以及不少的巨型蟑螂等甲虫在路上爬来爬去。刚开始还真有点不适应，不过，第2天，再看见它们的时候我就见怪不怪了。

与盐湖城相比，我对菲尼克斯更不感冒。这座城市又干又热，你必须每隔2分钟就喝上一口水，否则就会觉得嘴唇要裂开了。而且，亚利桑那州居然是全美国罚超速最狠的城市，限速55英里的高速如果你开到60英里，转天，罚单定会寄来。

距离比赛开始还有3个小时，我得去美国航空球馆了。一角的媒体安检通道排了一条两米多长的队，有肩背手提各种设备的摄影记者，有一手夹着笔记本电脑一手拿着电话的纸媒记者，还有两条狗。

没错儿，是两条狗，一条黄色的拉布拉多巡回猎犬，一条黑色的拉布拉多巡回猎犬，分别被身穿土黄色制服的两位大哥拉着，这两位大哥低头在纸上填写信息——他们是防爆公司的工作人员，这两条狗就是他们的"员工"。

两条狗跟着各自的主人一起通过安检，下楼，来到科比·布莱恩特和史蒂夫·纳什都会经过的球员通道，神气地摇晃着尾巴，目不斜视，先是绕球员通道一周，然后来到看台上——在工作人员的引导下，两条狗一排一排地嗅遍所有座椅，以确定没有爆炸物威胁球迷的安全。"他们都是经过训练的狗，可以敏锐地嗅到隐藏在角落里的爆炸物并帮助我们找出来。"牵狗的大哥对我解释说，"除此以外，我们还有同事会拿镜子照到每个座椅的下面，以保证防爆工作万无一失。"

的确，还有两个跟他们一样身着土黄色制服的工作人员用一个长把大圆镜子探照每个座椅下面的情况。低头端详镜子的工作人员见还有问题问自己，非常来精神，停下手头的活儿，直起腰板对我说："我必须要保证我负责的区域每一个椅子下面都被'关照'过。我们公司是职业防爆公司，专门负责大型重要活动的现场防爆工作，现在是西部决赛，我们一定要确保球迷的安全，还有球星的安全。"真没想到，太阳队主场居然这么认真做安保工作，因为我在其他球馆里从没见过"拆弹狗"。

正如这哥们儿说的，球迷是绝对安全的，球星也是绝对安全的，尤其是他们太阳队球星在自己的主场。再说，尽管以 0：2 落后，但太阳队也不是湖人队砧板上的鱼肉，任人宰割，毕竟他们在半决赛以 4：0 横扫了马刺队。在这座炎热异常的城市，将士们就立马变身，精神抖擞，两个主场场均轰出 116.5 分的高分，凭借着这火爆的手感，愣是将总比分扳成 2：2。

城市热，球迷们也热，我至今记忆犹新的是：当第 4 场比赛快要结束的时候，太阳队老板罗伯特·萨沃尔居然带头大喊："We want Boston！"——老兄，才刚刚扳平比分好不好？

但凤凰城的球迷们并不这么想，他们跟着狂热，与老板呼应起来喊声动地，当时如果你身在其中，很难不被那种气氛感染。也难怪湖人队每场都要输 10 分左右呢。

关键的天王山之战极富戏剧性，这场比赛，也是湖人队在季后赛以来第一次真正受到考验。这次，可是在自己的主场：比赛结束前 3.5 秒的时候，对方的贾森·理查德森三分球命中，101：101，战平。然后，菲尔·杰克逊叫了 20 秒暂停，布置战术，这时候，谁都知道湖人队的战术由谁执行，只是不明白投出去的是二分球还是三分球。的确，最后一攻，科比·布莱恩特，非常搞笑也非常惊险的是，常规赛季完成 6 次绝杀的他居然投出了三不沾；但更为搞笑也更为惊险的是，关键时刻罗恩·阿泰斯特抢下了球权，毫不犹豫，终场哨响之际将球补进了篮筐！凭着这记神奇的绝杀，湖人队以

103：101 艰难射落太阳队，3：2，与总决赛的距离只差一步之遥。看来，休赛期唯一的球员运作开始在季后赛中发挥功效了——

绝杀，不再是"黑曼巴"的专利。

菲尔·杰克逊说："阿泰斯特有着非同寻常的能力。这些能力有时非常管用，他总能在关键时刻给予我们这些神来之笔。"

科比·布莱恩特说："如果不是阿泰斯特的幸运得分，最终谁胜谁负还是个未知数。"

拿到赛点的湖人队并没有给太阳队任何机会，他们在第 6 场比赛中基本是全程压制对手，科比也砍下了 37 分，而阿泰斯特继续着自己的良好状态，再砍 25 分，湖人队以 111：103 击败太阳队，以 4：2 的总比分连续第 3 次杀进总决赛。

"他就是这个世界上最好的球员。"太阳队主帅金特里在第 6 场比赛的赛后媒体发布会上如此评价科比。他的眼神很坦然，说得很直接："他今晚的表现再次让我确信了这一点。"

"你说他是有史以来最好的球员，比迈克尔·乔丹还要好？"一个记者在台下刨根问底。

"嘿，我可不想卷入这个话题的争论，"金特里咧开大嘴笑了起来，"也许有一天我还要到夏洛特山猫队找工作呢（注：迈克尔·乔丹已经是夏特洛山猫队的老板）。"说完，场下都笑了起来。金特里也跟着笑了起来。

虽然金特里的球队被淘汰了，但金特里并没有因此而显出很难过的样子。"虽然我不知道他（注：科比·布莱恩特）是不是历史上最好的球员，但我肯定他是现役球员里最好的，"金特里继续说，"而且，说实话，我甚至不认为有人能与他相提并论。"也许，这就是金特里并不沮丧的原因：**他的球队做到了一切，输球只因为科比·布莱恩特太伟大了。**万分遗憾的是，这支沙漠中的球队在接下来的夏天送走了自己一手培养起来的小斯塔德迈尔，然后又有了其他几笔交易，然后一直走下坡路，直到阿尔文·金特里下课，接任的杰夫·霍纳塞克也下课了……这么说吧，史蒂夫·纳什离去后，这支球队已经失去了灵魂。他们可以找来好球员来得分、来助攻，但若想找到下一个史蒂夫·纳什——球队的灵魂，却不知还需要多少年。

史蒂夫·纳什球员生涯的最后一个东家便是洛杉矶湖人队，我经常见到他，并有很多的沟通，只是从此我再也没有去过菲尼克斯了。

MAMBA
FOREVER

🏆 完美封王

季后赛的剧情，西部联盟一点儿也不"好莱坞"，完全就是照着预期的剧本在演绎，就像是让人昏昏欲睡的肥皂剧。与西部联盟相比，正值东强西弱的东部联盟显然更吸引人，2007年、2008年、2009年分别由克利夫兰骑士队、波士顿凯尔特人队、奥兰多魔术队杀进总决赛。而谁又将主宰2010年的总决赛赛场呢？

2009-2010赛季的东部3强依然是克利夫兰骑士队、波士顿凯尔特人队、奥兰多魔术队，首轮他们都赢得非常轻松，没有让系列赛超过5场的。这样，好戏在东部半决赛就开始上演了。

全球瞩目的是"凯尔特人队 VS 骑士队"，正所谓"不是冤家不聚首"，詹姆斯在三巨头面前再次体会到了什么叫绝望。他整个系列赛几乎是一个人包办一支球队，场均26.8分、9.3个篮板、7.2次助攻、2.2次抢断、1.3个盖帽，他所得到的支援实在太少太少，安东尼·帕克和J.J.希克森本就只管防守不管进攻，而那些征战联盟多年的老将包括"大Z"、安托万·贾米森、安德森·瓦莱乔全都不灵了，年轻的球员有莫·威廉姆斯和德隆特·韦斯特。系列赛中得分排第二的球员你怎么也想不到，竟然是已经38岁的沙奎尔·奥尼尔，令人哭笑不得。

前三场由于詹姆斯的奋勇，他们尚能以2∶1领先，后三场詹姆斯受到重点照顾，他们只能连吃三场败仗，以2∶4被打出东部决赛的大门。勒布朗·詹姆斯再强大，但终究也敌不过凯尔特人队的车轮战，最后一场尽管有27分、19个篮板、10次助攻、3次抢断的超级数据，但在对方的频频干扰下送出9次失误，险些打出令人尴尬的四双，还是以85∶94输得毫无悬念。

从事后这么多年的发展来看，责任不能由詹姆斯独扛，离开他之后，只有被中国球迷昵称为"小莫"或"莫不传"的威廉姆斯还在打拼，但也难成角色，其他人基本都消失了。

也就是说，当时的詹姆斯身边根本就没什么人。在系列赛结束之后，凯文·加内特对勒布朗·詹姆斯说了一句意味深长的话：

"有时候忠诚会伤害你。"

加内特是垃圾话大王，这句话是嘲讽、是安慰，还是帮助解决问题尚不可知，只是，也正是他的这句话，在当年的夏天在联盟中引发了蝴蝶效应，对联盟格局产生了极为深远的影响——那便是震惊全世界的"决定"，日后再说。

凯尔特人队在东部半决赛中拉简·隆多场均 20.7 分、6.3 个篮板、11.8 次助攻，令人意外地成为凯尔特人队的得分王。但也不意外，这支球队以团队战术著名，三巨头年事渐高但威慑力仍然在，隆多得到空位就出手——他的成长有效地弥补了球队整体的年龄短板。

德怀特·霍华德领军的奥兰多魔术队状况好得多，前两轮都是4：0，经历了 2008-2009 赛季总决赛洗礼的"魔兽"更加成熟，更加强硬，首轮且当热身，次轮分别是 21 分 12 个篮板、29 分 17 个篮板、21 分 16 个篮板、13 分 8 个篮板，但之后的东部决赛和詹姆斯命运相仿，被越战越勇的凯尔特人队以 4：2 的总比分顺手擒拿，算是报了 2008-2009 赛季的一箭之仇。尤为可惜的是，"魔兽"在东部决赛中的单场 30 分、32 分 16 个篮板、21 分 10 个篮板、28 分 12 个篮板都打了水漂儿。

事后来看，霍华德的援手也不太多，其中尤以拉沙德·刘易斯下滑得厉害，而都是全明星球员的文斯·卡特和贾马尔·尼尔森毕竟是受过伤且稍显过气，两个赛季后他也做出了人生最重要的"决定"：一场闹剧过后加盟洛杉矶湖人队，组建名噪一时的"新 F4 组合"，但以闹剧结束，后降薪 3000 万美元转投休斯敦火箭队。

而对于我，人生中最重要的决定——至少是之一吧，是在 2004 年 10 月，作为中国第一个跟采完整个 NBA 赛季的记者去驻美采访，因为王治郅所在的迈阿密热火队与奥兰多魔术队打热身赛的缘故，我当时接触的第一个球星就是"魔兽"。多年后，他人生中的最大闹剧开始的地方——洛杉矶，则是我现在定居、工作的地方，接触就更多了。说实话，"魔兽"人不错，落到今天的境地委实可惜了。可惜，可叹。

说回 2009–2010 赛季的总决赛，"波士顿凯尔特人队 VS 洛杉矶湖人队"，三年内第 2 次会师总决赛，热闹程度可想而知。

对于我，要再次在两座城市之间奔跑了。不过，我对波士顿的印象以及在这里发生的场外故事之前写过，不再重复。

与夺冠大热门湖人队相比，凯尔特人队一直在扮演被低估者的角色，毕竟，他们在常规赛中就一直磕磕绊绊，50 胜 32 负的战绩排东部第四，如果换在"贫富差距"不那么大的西部联盟，只能排第八。他们与 1994–1995 赛季的休斯敦火箭队倒是有几分相似：那支火箭队常规赛季 47 胜 35 负，排在西部第六，但季后赛硬是一路过关斩将，最终卫冕总冠军。这次，凯尔特人队能复制火箭队神话吗？

时间是这支凯尔特人队最大的敌人：雷·阿伦和凯文·加内特分别已经 35 岁和 34 岁，三巨头中年龄最小的保罗·皮尔斯也要比科比·布莱恩特大 1 岁。而针对湖人队的"内线三高"，凯尔特人队早在休赛期就有针对性的引援，他们签下了 2.11 米的拉希德·华莱士，可"怒吼天尊"加盟的时候也已经有 36 岁了，即战力非巅峰期可比。

反观湖人队，年龄结构非常合理，所有核心主力均处于当打之年，而且还要感谢凯尔特人队干掉了骑士队和魔术队，使得他们占据了总决赛的主场优势。因此，在开赛前，几乎都是一边倒地看好湖人队卫冕。

对于湖人队来说，这可是天赐的复仇良机，科比也早已是枕戈待旦，希望一雪前耻，言语间毫不避讳。

"两年前我们在决赛上被他们好好上了一课，现在，是时候看看我们这两年到底成长了多少。这轮对决将会非常'性感'。"

对，"性感"。科比用的是"Sexy matchup"，也算是对接下来这轮系列赛一个特殊比喻了。

"那你能谈谈保罗·皮尔斯吗？"有记者在台下问。

"可以呀。他能远投，能突内线，能造犯规，而且还足够强壮。所以这让他非常难以防守，"说到这里科比顿了一下，之后，话音一转，"不过他是罗恩·阿泰斯特要去操心的人。"的确，科比的攻守对位应该面对雷·阿伦，但由于"老鱼"防守脚步过慢，所以他可能会在一些时候去防拉简·隆多。

6月3日，总决赛首场比赛拉开战幕，地点是斯台普斯中心。

老对手相见，阵容方面没有大的变化，一开始就火星撞地球，阿泰斯特与皮尔斯脸贴脸，手肘都已经架起来了，几乎要上演摔跤大赛了，他俩因此都吃到技术犯规，这为比赛的激烈程度定下了基调。"我们知道会有很多的身体接触，这就是我们从连续杀进总决赛中所学到的，我知道比赛的本质。"保罗·加索尔说。

经历了 2009 年"大修"的加内特明显有些力不从心，尤其是在篮板球的控制方面大不如前；而大加索尔已经不再是 2007-2008 赛季总决赛被加内特欺负的"软蛋"了。大前锋位置的此消彼长在比赛中体现得相当明显：加内特全场只得到 16 分、4 个篮板，且命中率只是 16 中 7；大加索尔则是 23 分、14 个篮板、3 次助攻、1 次抢断、3 个盖帽的全能表现，并且，14 中 8 的命中率也高出加内特不少。

科比自然是当仁不让的老大，贡献了 30 分、7 个篮板、6 次助攻，他与大加索尔的联袂发威确保了湖人队首战以 102：89 击败慢热的凯尔特人队。"就当我们存进了银行，然后再说话……"获胜后的菲尔·杰克逊并不放松。

总决赛也是双方主教练之间的斗智斗勇，"禅师"在第一场就用了奇招，他让科比换防凯尔特人队的进攻发动机拉简·隆多，而非赛前科比所说的为"老鱼"协防，这样，隆多就极为不适应了，完全失去了东部决赛对阵奥兰多魔术队时的犀利：当隆多在场时，凯尔特人队净负 17 分。可以说，首场比赛科比在攻守两端都起到了决定性作用。"隆多已经成长为一位现象级球员，我还要尽可能地限制他的速度。"科比赛后表示。

其实，任何战术都是双刃剑，有其利必有其弊，同样也会被对手针对性地反击。而在本届总决赛中，突施此计的湖人队在第2战尝到了苦果：由于科比换防隆多，这样，雷·阿伦在进攻端面对的压力就小了许多，他所面对的是德里克·费舍尔，35岁高龄的"老鱼"不管是身高还是防守强度都无法与"黑曼巴"相提并论。雷·阿伦自然不会客气，在进攻中面对费舍尔完全就是以大欺小，开场后连续命中5记三分球，当科比换回对位专职防守的时候已为时太晚，雷·阿伦手感热得发烫，上半场就投中7个三分球，创下了总决赛半场命中三分球的历史纪录。

虽然下半场湖人队一度扭转战局还反超了比分，但科比分身乏术，他在防守端无法兼顾雷·阿伦与拉简·隆多，而隆多一脱离科比的贴身紧逼就如鱼得水，尤其是在第4节后半段引领了全队攻势，湖人队在"绿衫军"后场双枪同时发威的情况下无能为力，只能在主场以94 ∶ 103吞下败果，1 ∶ 1，由此失去了主场优势。

在美国媒体看来，雷·阿伦在两分钟连续命中3记三分球之后的满脸苦笑，很容易令人想起迈克尔·乔丹在类似时刻的经典动作：耸耸肩。本场比赛，雷·阿伦狂砍32分。"没有更好的地点、时间……去赢得一场比赛了。"赛后的雷·阿伦表示，他并不在意什么历史纪录，"……这最终是我们的时间。"他的队友拉简·隆多也拿到了"三双"：19分、12个篮板、10次助攻。而在湖人队这边，尽管科比、大加索尔、拜纳姆得分都是"20+"，但依然无力扭转败局。

篮球的魅力就在于也许前一场在云端，而下一场则将跌落神坛。

回到波士顿，第3战，却是在第2场全场命中8个三分球的雷·阿伦手感全无，全场13投0中，包括三分球8次出手无一命中，这的确匪夷所思，最终，在自己的主场他仅靠着罚球才得到可怜的 2 分。

雷·阿伦的如此表现或许有“老鱼”的功劳。一个最具说服力的镜头是：当雷·阿伦出手不中之后，“老鱼”便已贯穿了整个球场。令人拍案惊奇的是，在他与篮板之间什么也没有；追防的 3 名凯尔特人队队员将他打倒在地，但“老鱼”已经完成了他在末节的第 4 次上篮。“老实说，他是一次、一次、一次地这么干的，看起来，对我们球队来说做这些事情是他的责任。”赛后连科比都忍不住调侃，但也许正是他的不断攻击而令他的防守者耗了体能，乱了方寸。

与雷·阿伦相对应的主要是科比，他的表现也没有好到哪儿去，尽管得到双方球员中最高的 29 分，但全场 29 投只有 10 中。而这次是费舍尔挺身而出拯救了全队：末节独取 11 分，有效弥补了科比的冰冷手感，帮助湖人队在客场以 91 ∶ 84 击败凯尔特人队，以总比分 2 ∶ 1 领先。

总决赛打到这个地步，得说说托尼·阿伦了。科比·布莱恩特在前三场的状态显然不能算好，整体投篮命中率只有 39.4%，这主要是因为科比遇上了真正的“科比终结者”——托尼·阿伦。与雷·阿伦相比，托尼·阿伦的名气要小得多，但论防守，雷·阿伦与托尼完全不在一个层面上，尽管雷·阿伦的防守也很出名。

托尼·阿伦是防守球员中的另类。论身体条件，1.93 米的他也许更适合对位组织后卫，然而，在大部分情况下，他都要面对比他高大得多的对手。他甚至可以防守凯文·杜兰特，即使身高相差巨大，他同样也能让雷霆队核心在进攻端吃瘪。托尼·阿伦之所以有如此绝技，主要是因为他虽然身高不足但下盘极为扎实，身体对抗性极强，就像是一块橡皮糖，一旦被粘上就极难摆脱了。

科比职业生涯 20 年，对位过的防守球员数不胜数，包括现在的队友罗恩·阿泰斯特、全联盟最著名的“黑脚”布鲁斯·鲍文、前面提到过的拉贾·贝尔……然而，无论外界如何评价，也无论有多少人自封为“科比终结者”，在“黑曼巴”自己眼中，最好的防守者并不是他们，而是托尼·阿伦。**对这位防守大师，科比给予了最大尊重。科比甚至主动向他赠送了球鞋，上面是这样写的："致托尼，我所面对过最棒的防守球员。"**

对任何一位防守者来说，恐怕没有比这更大的肯定了。处于托尼·阿伦防守笼罩下的科比，在总决赛中总是处处受限，整个系列赛他都没有一场投篮命中率超过 50% 的，同样，也包括了第 4 场：虽然科比轰下了 33 分，但 22 投 10 中的命中率算不上高效，而且出现了 7 次失误。凯尔特人队的两位替补格伦·戴维斯和内特·罗宾逊突然爆发，二人合力包办 30 分，助"绿衫军"在主场以 96∶89 扳平总比分，2∶2。

还有细心的记者发现：科比在球场上做动作时并不那么从容，似乎是扭伤了膝盖，但科比并不愿意承认这是自己发挥平平的原因。显然，他对自己的表现很不满意。

"我出现了 7 次失误，这让我打得就像是垃圾一样。托尼·阿伦打得很努力，没有退缩，始终在对抗，防守非常稳固，我很享受与他的对抗。"

托尼·阿伦也有打盹的时候。最为关键的天王山之战，科比打出了整个总决赛中最好的状态，他全场 27 投 13 中，砍下 38 分、5 个篮板、4 次助攻，但其他队友实在太不给力了，只有大加索尔得分上双。而凯尔特人队那边，仅三巨头就合力砍下了 63 分，这让科比的 38 分显得苍白无力，结果是凯尔特人队以 92∶86 拿下了关键胜利，以总比分 3∶2 领先。

湖人队已经被逼上了悬崖。

这样的比分已经让湖人队没有了退路，只能是背水一战，但还好，湖人队的最后两场将回到斯台普斯中心，他们将在洛杉矶进行殊死一搏。"K 老大"也对球队下达了动员令：

"要像个男人一样站起来，打好比赛，输球没有什么大不了。如果非要我说些什么的话，那就是也许我们不配赢得总冠军，现在我们以2：3落后，要回到主场拿下第6场，然后再准备最后一战。就是这么简单。"

科比的动员显然起到了作用，他的言论极大地鼓舞了球队。第6战湖人队总算打出了高强度防守，把凯尔特人队的全场命中率压制在33.3%，三分球命中率仅有21.7%，一共只给凯尔特人队10次罚球机会，湖人队以89：67打出了经典防守之战，把总决赛逼入抢七战。

这是一个意味深长的夜晚：湖人队的大比分获胜不仅仅是挽救了赛点。

开打前，瓦妮莎带着她和科比的两个小公主赶到现场，两个孩子比同龄的女孩要高些，见别人夸她们，瓦妮莎就会示意两个孩子礼貌地回答"谢谢"，声音非常稚嫩。小孩子眼里没有什么等级之分，她们没有意识到自己的爸爸在众人眼里的地位，她们只是跟在妈妈身后，在妈妈的指点下鼓掌。

赛后，瓦妮莎依旧带着两个小公主来到湖人队更衣室门口。科比兑现了他的诺言："今晚是一个美好的夜晚。"瓦妮莎也把自己的丈夫打扮得非常精神，来到我们等待着的新闻发布会，还没张口，已觉得他整个人英俊洒脱，雪白的衬衫，搭配西装马甲、窄条领带。这身装扮遮盖了旅途的疲惫，遮盖了沙哑嗓音的慵懒，这样一个英俊青年在新闻发布会台坐定，下面的各位都觉得眼前一亮，当然也包括我。

科比没有闷闷不乐，但也没像上轮初期那样对待媒体的和颜悦色。他的嗓音依旧沙哑，尽管这样的身体状况不会当作伤病写进球队报告发布出来，但从波士顿回来的媒体都清楚，那是一个什么样的旅程，在一个天气变幻莫测的城市战斗过。

"这只是一场需要我们赢的比赛，就这么简单。我不会因为这场胜利而疯狂，我们还有接下来的比赛需要完成。"

言简意赅，但科比说这话的时候显得有些疲惫，他不得不揉一下眼睛——尽管在同一个国家，波士顿与洛杉矶的时差有 3 小时——科比根本就没有时间让身体从这个时差调到那个时间然后再调回来。看得出来，他一直在忍受：总决赛打着打着就要打出结果了，就像日子，过着过着就什么困难都过去了。

"今天的胜利绝对不会影响到 Game 7，就像忘掉之前的失败一样，我们还会忘掉今天的胜利，然后迎接下一场比赛。没有因为是 Game 7 就会想到做一些不同的事情，如果你一直刻苦训练，那就只需要做你平时做的所有事情好了。下一场比赛只是所有比赛中的一场，谁也没有选择，两支球队将在下一场比赛做个了结，对这个赛季，也对两队的恩怨。"

对于凯尔特人队来说，比输球更糟糕的是，他们的主力中锋肯德里克·帕金斯在第 6 战的首节还剩 5 分 30 秒时，便重伤退场，这个意外不是湖人队大胜对手 22 分并将对手的得分控制在 67 分的全部原因，但至少是之一。更糟糕的是，他将无法参加生死对决的抢七战——众所周知，帕金斯是凯尔特人队的内线屏障，是凯文·加内特最信赖的内线搭档，缺少了他的"绿衫军"内线将完全暴露在湖人队的火力之下。从某种意义上说，他的受伤使总决赛的走势发生了改变，的的确确在左右着最后的总冠军归属……

还有就是，肯德里克·帕金斯是在与科比·布莱恩特相撞时受伤的，他的受伤也引发了极大争议：有人咬定"黑曼巴"是故意下黑脚，尤其是联想到他在 2008-2009 赛季的西部半决赛中撞伤姚明并间接导致他的职业生涯提前报销；而挺科派则认为，这纯属意外。

但不管如何热议都改变不了第 6 战凯尔特人队输球的结果，也改变不了凯尔特人队首发中锋将在抢七战缺阵的现实。

6月17日，最重要的时刻到来了。

35 岁的拉希德·华莱士顶替了 25 岁的肯德里克·帕金斯，10 年的时间差，但并不妨碍抢七战得极为惨烈。一上来两支球队就短兵相接拼防守，科比遭到凯尔特人队的疯狂围剿，命中率低得可怜，这样，上半场凯尔特人队暂时以 40 ：34 领先——如此低的比分，比赛的惨烈程度可见一斑。

第 3 节，凯尔特人队趁势在扩大胜果，一度领先 13 分，斯台普斯中心球馆一度鸦雀无声。这时候，好运气再次站在了湖人队这边：关键时刻保罗·皮尔斯肩部不适下场休息，这给了湖人队喘息之机，他们趁势追击，最终还是带着 4 分的劣势进入了末节争夺。

尽管湖人队一直落后，但他们的篮板球优势巨大：由于帕金斯缺席，凯尔特人队的三秒区门户大开，湖人队疯狂地冲抢进攻篮板，这使得他们在命中率超低的情况下，没有被凯尔特人队彻底拉开分差。这无疑向凯尔特人队敲响了警钟，因为这意味着湖人队只要稍微提升投篮命中率，局势就将彻底逆转。果然，和预料中的一模一样，湖人队依然在第 4 节控制着篮板，关键时刻罗恩·阿泰斯特和德里克·费舍尔开始找回手感，连续命中三分球，不知不觉中湖人队已经扭转了战局，当比赛只剩最后的 28.9 秒时，科比的三分球不中，大加索尔抢到关键的进攻篮板，科比两罚全中，帮助湖人队把领先优势扩大到了 5 分。大局已定。尽管隆多最后时刻投中三分球，也难挽败局，最终，湖人队以 83 ：79 艰难击败凯尔特人队，以 4 ：3 的大比分逆转再夺总冠军。不过，痛失总冠军的凯尔特人队首发五虎令人钦佩，得分全都是两位数，其中，整个季后赛仅首发过这一次的拉希德·华莱士也贡献了 11 分、8 个篮板、2 次助攻。

而赢球的科比·布莱恩特，则是全场比赛手感奇差，24 投只有 6 中，得到 23 分，但他竟然抢下了 15 个篮板，再加上大加索尔的 19 分、18 个篮板，湖人队在篮板方面以 53 ：40 大幅领先凯尔特人队，其中更是有 20 个进攻篮板，正是凭借着篮板的巨大优势，他们笑到了最后。

科比在总决赛中场均 28.6 分、8.0 个篮板、3.9 次助攻、2.1 次抢断、0.7 个盖帽，连续第二个赛季获得总决赛 MVP。

不过，与 2008-2009 赛季的总决赛 MVP 实至名归相比，这次却略有争议，不少声音认为保罗·加索尔才是最好的：他的总决赛数据是场均 18.6 分、11.6 个篮板、3.7 次助攻、0.7 次抢断、2.6 个盖帽，尤其是最终翻盘的第 6 战和第 7 战，他分别贡献 17 分 13 个篮板 9 次助攻、19 分 18 个篮板；而抢七战的末节，他贡献了至关重要的 9 分。此外的原因还有：进攻体系中科比是尖兵，而大加索尔才是轴心，防守中他同样是湖人队"内线三高"的核心。不过，这只是观点而已，不代表结果。

你猜，科比·布莱恩特第 5 次夺冠后首先想的是谁？

沙奎尔·奥尼尔。

"我现在比奥尼尔多一个总冠军了。你知道的，我实在是太想要总冠军了。凯尔特人队相信他们能击败我们，毫无疑问，他们在 2008 年做到了。'绿衫军'是一支聪明的球队，训练有素，对付他们非常困难。他们不会自我崩溃，必须要靠我们自己去击败他们。"

科比拿到职业生涯的第 5 冠，意味着他历史地位的极大提升，甚至可以排入联盟历史的 TOP10。在被问及拿过的 5 个总冠军中哪个是他最喜欢的时候，科比回答："2010 年的总冠军是我最喜欢的。因为获得那枚戒指的难度是最大的，是最有挑战性的。"

对于科比来说，总决赛一度以 2：3 落后；抢七战 24 投只有 6 中，在经历了这些最艰苦的考验后，仍能拿下第 5 冠，这样的畅快感显然不是此前的 4 冠所能企及。以往，无论是赢是输，科比赛后只要上发布会就基本没笑脸。这次，也是本赛季最后一次的发布会，我看到科比的笑脸几乎从头给到了尾。你问任何问题，他都笑，眯着眼睛笑：谈球队，笑；谈队友，笑；谈自己，笑。在这样的愉快氛围中，台下的所有媒体这才开始适应科比能有这么长时间的笑容了，于是，问的问题也是一个比一个大胆。

直到有记者问："科比，明年再来一次怎么样？"

科比有点无奈地摇摇头："我刚得到冠军，你就让我高兴一会儿吧。行吗？"

但笑容依然在脸上挂着。这位记者仍不死心："科比，下个赛季如果勒布朗·詹姆斯和克里斯·波什到一支球队了，你想跟这支球队碰面吗？"

这次，科比实在是忍不了了，虚张声势地说："你再这样我可跟你翻脸了啊！"

媒体发布会就在这种轻松的气氛中结束，科比还要去场上接受 NBA TV 的采访，之后还要去演播室接受 *ESPN* 的采访，他被公关带着，忙得不亦乐乎，但我看得出，整个过程中他都开心得要命。

科比终于在拿到冠军的一刻把自己的心情彻底释放，他站在场地中央，仔细抚摸着奖杯。

"这一切对我来说太美好。整个系列赛在我们与凯尔特人队的对抗里我们都不被看好，这个冠军的美好就在于它是目前我们赢得最艰难的一个。"

"我太渴望得到总冠军了，一些东西你越渴望得到就越容易叫它溜走。今晚是我的队友拉了我一把，对于这个西班牙人，任何语言都显得苍白无力，他是那么不可思议，没有他我们不可能赢得这场比赛。"

面对镜头说完，科比·布莱恩特将头扭转，对着人群里高出的那头卷发——保罗·加索尔。

Game 7，湖人队胜得很艰难。上半场结束的时候他们落后对手 6 分，科比把毛巾搭在肩上走回更衣室——他的投篮次数是两队最高的，但 14 次出手只命中 3 个二分球，而两次制造罚球机会，结果在走上罚球线后也全都是 2 中 1。整个 2009-2010 赛季最坏的时刻，不过如此。而他的 2009-2010 赛季现在只剩下 24 分钟了，科比想不通："我实在太想得到总冠军了，但是今晚我的表现只是'E'。我实在是太累了。我越是想去接近总冠军，就离它越来越远。"

在总冠军到手后，科比才让外人走进他的内心世界："我清楚凯尔特人队与湖人队相遇的每轮系列赛、每个技术统计。世仇的历史我不是不明白，但是，我实在不能把精力放在报仇上，我必须全力以赴每场比赛。"这是科比整个赛季第一次说自己想要总冠军，这是科比第一次表露他要报仇的愿望——就像他一直以来的样子，科比总是先做了再说——若不是赢得总冠军报了 2007-2008 赛季总决赛收官战狂输 39 分的大仇，这些话，科比宁愿烂在自己的肚子里。

总冠军奖杯给了科比对球迷们打开心扉的机会。

他的心理活动、他的愿望，化作一组音符从嘴里飞出，于是，人们这才了解到：

科比·布莱恩特不是神，他只是一个伟大的人。

　　当湖人队落后 4 分进入第 4 节的时候，全场球迷起立，高呼"Kobe！""Kobe！"响彻天际的欢呼撼动在场每个人的心底。科比在赛后诚挚地说："我必须对你们讲真话，我完全没有听见。那时候我太累了，耳朵里一直不停地响，就像早上 6 点钟还在跑步一样，我已经被抽干了。"

MAMBA
FOREVER

荣耀科比

我愿意，将这一段时间的科比，形容为他最闪光的时段。不仅仅是他个人在各项荣誉以及冠军奖杯的收获上，更主要的是，这一时段的科比，已经让全世界为之动容。

几乎在世界的每一个角落，那里如果有深爱篮球的孩子，那么他们的偶像，都会少不了科比·布莱恩特的名字。

我相信全世界有太多的人，受科比以及曼巴精神的影响，或是让他们爱上篮球，甚至成为职业运动员；或是激励着他们在自己的工作和生活中前行；或是犹如科比一样，那样勤奋自勉，体验着凌晨四点钟的汗水。

有着全世界球迷的爱戴以及敬仰，这或许就是科比最大的荣耀。

科比伟大吗？这个答案是肯定的，每个人喜欢科比，都有着不同的理由。而这个阶段的科比，其实对于他的篮球职业生涯来说，是最艰难又最荣光的一段征程。随着时光的推移，1996 年进入联盟的科比，慢慢地也进入了职业生涯的末期。

而我们后面的故事，就要讲述科比的告别与永恒。悲伤的氛围，总是在这一刻涌现，但是又无可奈何。

我与科比

严师

　　2012 年 3 月，中国一个小球员团队来到美国接受科比的指导，这一次我的身份发生了改变，我作为翻译全程陪同科比出席这次活动。

　　在现场教小球员打球时科比就曾经急了，因为几个小球员在折返跑训练时没有按要求摸到球场的底。"如果我小时候训练也这么偷懒，也许你们现在也不认识我是谁！"科比向偷懒的小球员怒吼，"偷懒不是骗别人，是欺骗你们自己！"

　　科比一顿骂之后，所有在场的小球员再也不敢偷懒。

　　当时我的感觉就是，科比就是科比。正常这种形式的训练，更多的好像是在"例行公事"，但是科比却十分用心，他的严厉恰恰证明了他的伟大所在。而在后面的工作中，我还多次见证了科比的发怒。

发怒

　　2013 年，我在洛杉矶看科比在自己的训练营里训练小球员，在进行全场折返跑的时候，很多小球员摸不到线，有的就用脚尖去踩一下。科比看了也就 20 秒，一声大喊："停！"然后大怒："你们是骗我呢，还是骗你们自己呢？如果我小时候就这么训练，我就不可能是现在的 Kobe Bryant！"

　　这样的言语，和当年我做翻译的时候，有很多相似之处。这也说明科比无时无刻的专注。

　　大骂一顿后，小球员们都不敢再偷懒了，一个个乖乖地去碰线。整个训练营即将结束的时候科比又提到此事："这不光是对篮球，这么做是培养你们一种做人的态度。你们在折返跑时可以偷懒不去碰线，可能比赛里有一个地板球你就不会去抢。训练是最枯燥的，训练中基本没有花样扣篮和要球，即使打出再漂亮的球也没人鼓掌，但是训练就是一切，你们明白吗？

科比说训练中最重要的，一是勤奋性，二是科学性。论科学性，美国篮球就有自己的优势了。比如在美国做篮球训练一定会在塑胶地或地板场进行，因为水泥地对膝盖与脚踝的伤害比想象中大很多。一位来自纽约的训练师，说他宁愿一个月不摸球，也不去水泥地打球。

这就是科比啊，他对待任何一件事情，都是那么认真、那么执着。超强的好胜心，让他的眼里容不得一点点沙子，科比不是一天炼成的，而是持之以恒。

发怒

Angry

礼物

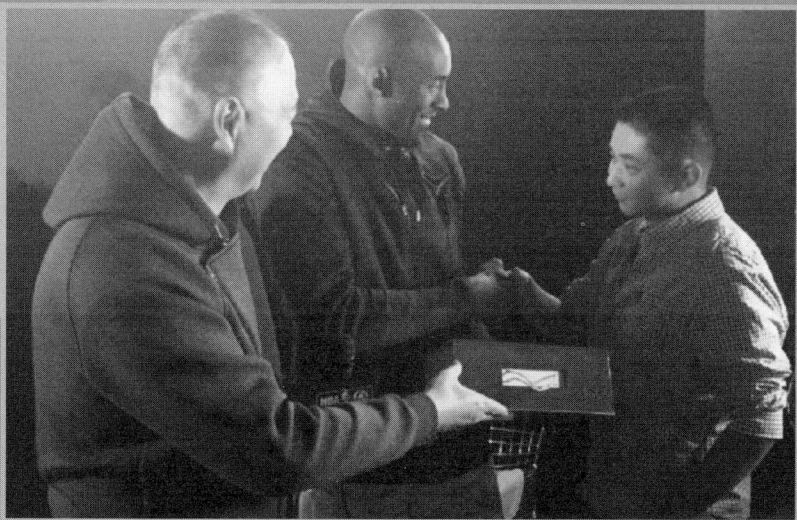

2015 年 12 月 15 日，我与张卫平老师一起对科比进行独家专访。这次采访很有特殊意义，因为这是科比在 NBA 的最后一个赛季了，他已经告诉全世界，这个赛季结束后就会选择退役。

因此，他每到一个客场比赛，都会享受着谢幕演出的待遇。虽然我已经多次采访科比，接触科比，但是这一次对于我来说也是意义非凡。我准备了一份礼物送给他，限量版的景德镇茶杯。

这个礼物虽然有着特殊的意义，但是称不上贵重。不过科比对我说道："谢谢你，送我这么贵重的礼物，我虽然不喝茶，但是我一定会好好收藏的！"科比将"Thank you so

much"中的"so"说得格外重。然后转身告诉身边的助理，
"这个很贵重，一定要收好！"

礼物

简单的几句，真的让我感到格外开心。每一次采访科比，
他总能带给我最为真实的体会，没有任何巨星架子的科比，把
我当作朋友！

The Gift

录像

2015年3月的一天，科比在湖人队训练馆如约接受我的独家专访。约的时间是中午12点半，我早到了半小时。我也采访过很多其他球星，如果出现这种早到的情况，赶上球星没有特殊的事情的时候，一般都会提前开始采访，然后提前结束。

当我进场后发现科比正坐在那里研究之前一场比赛的录像。科比看到我了，然后对我说："嘿，你到早了。但我们并不能提前开始，我需要把这段录像看完。你可以等我一会儿，也可以搬个椅子过来与我一起，于是我搬了椅子坐在科比旁边，陪他一起把录像看完，然后才开始我们的采访。

细节能体现一个人的伟大，科比就是这样的。我们都知道凌晨四点的洛杉矶，但是可能不知道科比每时每刻都仿佛是"凌晨四点的洛杉矶"！

在科比的整个职业生涯中，他贡献过无数次的精彩绝杀，其实细想下来，这不是偶然。没有对每一个对手的了解，怎会有科比的每一次得分。当他细致地观看比赛录像的时候，他就获得了最有价值的信息，知己知彼，方能百战百胜。我想科比就是在这样的日积月累之下，真正一步步取得巨大的成功的。

录像

Video Interview

五个戒指

　　一次采访中，杜兰特与我分享了一个他与科比之间的小故事。

　　"我们一起在国家队训练时，有次吃饭，他不允许我们与他坐在一个桌子上吃。"杜兰特回忆道，"我们很奇怪为什么不能，科比看着我们一字一顿地说：'我有 5 个总冠军戒指，你们有什么？'"

　　杜兰特说他不怪科比这么说，因为他知道科比的性格就是如此，也知道这只是科比的一句玩笑话。"如果让我用一个词形容科比，那就是混蛋。"杜兰特告诉我，"但这里的混蛋不是贬义的，而是褒义的。"

最勤奋

生活中的"魔术师"是个非常随和可亲的人。这些年里我与他在斯坦普斯中心相遇很多次，也有几次比较深入的对话。"魔术师"说科比是历史上仅次于乔丹的球员，也是有史以来第二伟大的得分后卫。

"我爱他（科比），可能因为我也是湖人队大家庭中的一员吧。""魔术师"埃尔文·约翰逊告诉我，"所以当我看到他把湖人队重新带向辉煌时就很难不爱这个家伙了。"

据"魔术师"透露，科比是他见过最勤奋的球员，也是在训练馆与力量房时间最长的球员："是的，算上我们时代的所有人，他是我见过最勤奋的球员，没有之一。这家伙基本是 7 天 24 小时的篮球。"

图书在版编目（CIP）数据

科比，永不退场.荣耀/段冉著.--北京：北京时代华文书局，2021.10
ISBN 978-7-5699-4441-9

Ⅰ.①科… Ⅱ.①段… Ⅲ.①布莱恩特（Bryant, Kobe 1978-2020）—传记 Ⅳ.① K837.125.47

中国版本图书馆 CIP 数据核字 (2021) 第 208769 号

科比，永不退场　荣耀
KEBI YONGBU TUICHANG RONGYAO

著　　者｜段　冉

出 版 人｜陈　涛

选题策划｜董振伟　直笔体育

责任编辑｜周连杰

执行编辑｜王振强　王　昭　马彰羚

责任校对｜刘晶晶

装帧设计｜程　慧　贾静洁

责任印制｜訾　敬

出版发行｜北京时代华文书局 http://www.bjsdsj.com.cn
　　　　　北京市东城区安定门外大街 138 号皇城国际大厦 A 座 8 楼
　　　　　邮编：100011　电话：010 - 64267955　64267677

印　　刷｜小森印刷（北京）有限公司　010 - 80215073
　　　　　（如发现印装质量问题，请与印刷厂联系调换）

开　　本｜710mm×1000mm　1/16　　印　张｜12　　字　数｜183 千字

版　　次｜2022 年 1 月第 1 版　　　　印　次｜2022 年 1 月第 1 次印刷

书　　号｜ISBN 978-7-5699-4441-9

定　　价｜248.00 元（全五册）

本书图片由视觉中国提供。部分图片因无法联系上版权所有者，请所有者与出版社联系支付相关费用。